U0946471

天天向上

中学教学问题解决手册

[美]
里克·沃姆利
Rick Wormeli

Day One and Beyond

practical matters for new middle-level teachers

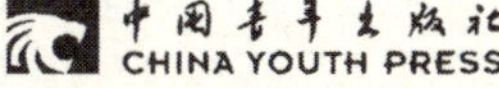

图书在版编目（CIP）数据

天天向上：中学教学问题解决手册 /（美）沃姆利著；刘振华译 .
—北京：中国青年出版社，2014.1

书名原文：Day one and beyond: practical matters for new middle-level teachers

ISBN 978-7-5153-2120-2

Ⅰ．天…　Ⅱ．①沃…　②刘…　Ⅲ．中学—教学法—手册　Ⅳ．G632.4-62

中国版本图书馆 CIP 数据核字（2013）第 292633 号

Day One & Beyond: Practical Matters for New Middle-Level Teachers by Rick Wormeli
Copyright © 2003 by Stenhouse Publishers, 480 Congress Street, Portland, Maine, 04101, U.S.A.
Stenhouse Publishers has authorized China Youth Press to translate this publication into Chinese.
Stenhouse Publishers is not responsible for the quality of the translation.
Simplified Chinese translation copyright © 2014 by China Youth Press.
All rights reserved

天天向上：中学教学问题解决手册

作　　者：[美] 里克·沃姆利
译　　者：刘振华
责任编辑：肖　佳　赵　玉
美术编辑：李　甦
出　　版：中国青年出版社
发　　行：北京中青文文化传媒有限公司
电　　话：010-65511270/65516873
公司网址：www.cyb.com.cn
购书网址：zqwts.tmall.com　www.diyijie.com
制　　作：中青文制作中心
印　　刷：三河市文通印刷包装有限公司
版　　次：2014年2月第1版
印　　次：2014年2月第1次印刷
开　　本：787 × 1092　1/16
字　　数：150千字
印　　张：15
京权图字：01-2013-6168
书　　号：ISBN 978-7-5153-2120-2
定　　价：29.00元

中青版图书，版权所有，盗版必究

版权声明

未经出版人事先书面许可，对本出版物的任何部分不得以任何方式或途径复制或传播，包括但不限于复印、录制、录音，或通过任何数据库、在线信息、数字化产品或可检索的系统。

目录 Contents

第 3 章　快速改善课堂纪律的好建议　/ 041

海伦·凯勒说过，教育的最高阶段是宽容。纪律的管理就如同倾听、思考、学生将自己的名字写在试卷顶端一样，是中学教学内在的一部分。

第 4 章　与学生进行良好沟通互动的好建议　/ 055

老师若想与中学生建立牢固的关系，必须赢得他们的信任。他们终究会明白，老师并不想拔苗助长，而是看着他们慢慢成为破茧而出的蝴蝶。

第 5 章　与学生家长进行沟通的好建议　/ 069

家长就像学生，只要我们完全了解，便不会产生误会。让家长看到我们非常关爱他们的孩子，决不会辜负家长的期望。家长会是一个表达我们正在激发孩子潜能的良机。

第 6 章　处理迟到缺勤和评分册的好建议　/ 093

在一季度当中，选择一到两次对成绩单进行影印，并将复印件留存一份在家中。原件可能会丢失，被盗或受损。如果发生这种情况，你将会感激你在家里有一个备份。

有时候，真正最具创造性的作业是学生们自己设计的。在上完一节课后问一下你的学生，他们怎样才可以清楚理解教学材料?你从学生那里将会获得许多有建设性的意见。

在差异化的教学实践中，有三种方法对学生进行分组。我们可以依照他们个人的学习特征，他们的学习兴趣，或者他们对知识的掌握程度来对他们进行分组。

制定代课老师方案时，绝非仅仅将所需讲解的内容罗列出来那么简单，而应该在手册或笔记中面面俱到。代课老师欣赏的是详细的方案，尽量避免出各种状况。

前 言

中学教师生存技能指南

尽管内心深处一直期望自己特别优秀，但我并不认为自己是世界上最好的老师。我也并不认为自己是世界上最糟糕的老师，要真是那样的话，我早就辞职不干了。

作为老师最重要的一件事是怎么才能有效教学？我希望尽全力成为一位优秀的老师，期待学生们可以学好知识。为了实现这一点，我们必须尽力让自己也成为终身学习者，不断提升自己的教学能力，同时把自己对知识的热爱传达给学生。

——乔安娜·裴琳，普利桑顿中学八年级语言课老师

每当新手尝试自己一生中第一次高空跳伞时，他们通常会大叫。

“妈妈，我爱你！”

“自由还是灭亡！”

“我是一只鸟，一架飞机！不，我是超人！”

“队长！伞绳结实不结实？”

这一跳是新手一整天训练后所面临的最终考验。

清晨，跳伞者们到达跳伞中心。一整天的时间里，新手们学着如何安全落地，如何改变方向，如何沟通，如何着陆，如何应对第一次跳跃中可能出现的各种紧急情况。他们默默地将教练所说的每一句话记在心里，害怕自己错过教练所说的成功要点。整理自己的降落伞时，他们死死地盯着降落伞，内心焦虑地问自己“我能做好吗？”“我可以做到吗？”此时，他们的心脏扑通扑通直跳，精神和身体都绷得紧紧的。

跳伞完成时，当他们的双脚踏上土地，巨大的喜悦填满了内心。再看这个世界的时候觉得色彩如此鲜活，感觉这么敏锐！他们此时感到自己无所不能，相信没有解决不了的问题。多年后回想此事，这一经历也似乎显得有些神圣。

对中学老师而言，人生中第一次面对自己的学生，第一次站在课堂上教学正如同高空跳伞。或许可以说，大多数人的情况都是这样的：在自己教学的第一年，我们从“教练”——老教师口中学习如何安全地“落地”，如何“改变方向”，如何“沟通”，如何“着陆”，如何应对第一次“跳跃”中可能出现的紧急情况。第一次站在课堂上，身为老师的神圣感也油然而生。

中学教学本质上不同于小学、高中和大学阶段的教学。中学阶段的学生们正处在自己生命中性格环境等因素急速转变的关键阶段。他们在身体、情感、智力以及社交领域都在快速的成长。因此，中学对于他们是一段奇幻且充满种种挑战的旅程。作为中学老师的我们，也因而享受着这一切所带来的痛苦跟快乐。所以，现在照一张你自己的照片，从此之后你将日新月异。

每天的教学生活将让你看到学生身上蕴藏着的极大潜能。这点你或许需要花费更多精力才能感受得到，但相信我们过来人的话，不要怀疑。请对今天才华横溢的学生们加以褒扬。很快，他们将会成长为社会的栋梁。记住，你的学生可能正处于一生中最不讨人喜欢的阶段，但他们肩负着世界对他们所寄予的所有期望。

有些学生会有着各种看似稀奇古怪，涵盖不同领域的问题。今天他们关心的或许是文学或数学，明天他们脑子里又想着哪位卡通人物能打败超人这样的事儿，或者他想知道如何在不引起他人注意的情形下挤掉别人的青春痘。他们可能这一分钟还要求就某一政治制度的合理性与你进行辩论，下一分钟又在考虑能否在打嗝的时候点燃吐出的那口气。世界上有哪份其他的工作，可以在带给我们这么多欢笑的同时，让我们在学生们惊人的想象力面前自惭形秽呢？我觉得这正是中学教学最有魅力的地方。接下来，就用你的真性情来开始漫长的教育之旅吧。

本书是写给中学老师的指导手册。尽管几乎本书的各个章节都涉及教学策略，但并非简单地指导教学。

在我教学的初期，一直期望工作中可以有一本这样的书。但我当时却找不到这么一本书。当时我所能找到的有各种分类教学的指导书，还有各种讲述课程内容、分组学习、合作学习、教育心理学以及阅读的相关书籍。但我需要的是一本可以解决我在课堂上经常碰到的问题的书：我应当如何建立自己的评分手册？如何制定学生座次表？如何约束不遵守纪律的学生？如何吸引学生的注意力？在需要与其他老师共用一间教室的情况下，我该怎么做？我对于返校也迟到的态度应该是怎样的？如何给作业打分？如何在成为学生可靠朋友的同时保持威信？在学校的第一天，我该怎么做？如果我跟同事合不来，该怎么做？

于是，我整理了大量的实践建议和教学的策略，在多次的修改校对后，得到这一涉及教室管理且让新老师可以快速上手的操作手册。本书将指导新老师顺利地度过自己教学的第一年。不过，这本书并不涵盖一个中学老师必须掌握的所有知识。我最初天真地希望写一本包含中学老师教学第一年所需所有知识的书。然而，刚刚列个提纲我就明白了：这需要制作一千套CD才能搞完，且每几个月就需要进行更新。这一任务明显已超越我的能力。这也就是说，成为一位优秀的中学老师有着极大的挑战性。

在通过美国全国教育委员会认证后，我发现就课堂上的故事写一本书要比我原先所想的更有意义。认证带给了我新的视野，激发出我心中内省的那一面。我惊讶于每晚写作后带给自己在教学中的改变。我在释放自我的同时，也在头脑中进行自我完善。更可喜的是，我在课堂教学中的决策变得更高瞻远瞩，我的学生们也取得了更大的进步。

给师范生的三点建议

对于师范学院的学生读者，未来你们会走上教学岗位，我希望你们通过阅读这本书可以实现以下三个目标。

第一，请将中学教学工作看作令人兴奋的、有意义、充满智慧挑战的职业选择。

10～14岁的学生们正处于这样的一个阶段：他们需要为自己之后的人生培养自己的价值观和掌握成年后社会生活所需的技能。我们今天所做的将带给学生一个真正的未来。时代日新月异，考虑到学生心理的瞬息万变和社会的不断发展，我们必须随时保持作为课堂领导者的角色。有时，我们需要观察学生心中新的愿景，有时需要亲自对学生加以引导。这是一项非常有挑战性和乐趣的工作，不要把它当成苦差事。

第二，请在教学中或者教学后对照本书写下你的反思，利用自己的教学体验来判断本书中所表述的观点是否正确并进行总结。在写作过程中，你将会形成自己的教学观点，而不仅仅是照搬书本。如果你在阅读本书后可以拿起笔分析教学实践，并且提升了自己的教学水平，读这本书的目的就达到了。

第三，也是非常重要的一点，我希望刚刚步入教学世界的新教师们能够体会到，成为中学教育工作者是大有作为的。我希望你们可以读懂这本书，并且可以依照本书所描述的做法灵活地解决教学中面临的问题。

教学是一项艰苦的工作，当前老师资源相对紧缺，新老师对事业上的成就不抱希望，我希望本书能够鼓舞大家。

成为一位中学老师并非易事，成为其中优秀的一员更具挑战。现实生活中中，大企业的CEO、军队领导者、知名大学的教授甚至像特蕾莎修女那样兼具耐心与美德的人们，在想到每天要面对学生们，教给他们知识时也难免不寒而栗。

新晋中学老师的第一年会面临着巨大的挑战，因此每天早上提醒自己：老师每天至少会犯十二个错误。在自己犯错时，允许自己难过一会儿，牢记犯错的数目还没超过十二个，然后继续进行教学。对于任何进步中的老师而言，不多于十二个错误是可以容忍的。如果你每天犯错的次数不多于这一数目，那么你那天做的就还不错。如果超过了十二个，那么回家后，允许自己愧疚几个小时。第二天醒来后，便又是崭新的一天。这一想法或许稍显幼稚，但它可以使我们有尊严地来面对这个世界，让自己接受我们自己每天都在成长的现实。今天，我已从事教师职业二十多年，我仍旧允许自己每天有不超过十次的犯错机会。

四项教学生存技巧

首先，在开始工作之前，选取一个文件夹或盒子，用来存放学生、学校行政人员、家长及其他人员对你的积极评价。这些积极的评价可以包括感谢信、打印的电子邮件、图片或其他别人对你积极正面的评价。在接下来的日子里，当你感到诸事不顺，开始自我怀疑时，这一财富宝箱将让你的精神为之一振。花费二十分钟来阅读这些积极的评价，这些正面的激励将使你重新扬起风帆，获得继续追求成为优秀中学老师的原动力。改变，从今天开始。

其次，将自己介绍给后勤以及前台工作人员，跟他们建立联系并努力维持良好的关系。这是众多优秀老师背后的成功秘诀。在成为优秀老师的道路上，他们要比包括教务主任在内的其他教职工人员更加的重要。他们将会成为你职业上有力的盟友，所以从现在开始就要与他们进行沟通。

再次，保留自己第一年的授课计划，以免下一年重新制订计划。如果有机会，在下课后记录下可以改善教学计划的想法，仔细地对计划进行整理，留作下一学年使用。这样你的工作量也会相应地减轻。

最后，准备好大量感谢卡片，从工作初期就开始邮寄感谢卡片。亲自书写的感谢卡片将会很好地帮助你与他人沟通，帮助你建立体贴和尊敬同事的形象。此后，在你工作上请求同事帮助时，他们也会更加乐于帮助你。你也会发现学生家长和社区成员会更乐于配合你的工作。一定要牢记，在感谢他人帮助的同时，要显示出你独特的品位来。

请允许我作为一个老教师，对你们选择老师这一职业的感激之情。我们已经有着多年教学经验的老教师渴望你们所带来的变革的春风，充沛的精力及可激励大家向前的新观点。你们将在我们目前的基础上将老师这一事业打造得更加辉煌。

如果一切顺利的话，不久的将来你们就会超越我们。没有哪一份职业可以在对人类社会产生积极影响方面超越教师这一职业，这一观点尤其适用于中学教育，在中学教育这一阶段，学生生活中的特定时间段将会对学生成年后如何对待生活产生直接的影响。正如肯尼迪总统在演讲中所说：

现在，人类有着之前从未有的掌握命运、结束饥饿、战胜贫病，废除无知及拯救他人的能力。我们有力量，使我们这一代成为历史上最好的一代，或迷途不返，成为最后的一代。

以上的话同样可以适用于我们中学老师。有能力塑造未来，这将是一个让人惊喜的机会，让我们吹响这一伟大的号角，成为一位优秀的传道者。不要做一位中庸的老师，选择做一位优秀的老师吧，享受每天的教学带来的激情！

第1章 发现中学教学的魅力

中学教学的独特之处在于我们每天都要教给学生如何成为将来的模范公民，你从教学中所获得的经验将远远超过从书本中可以获取的知识，人生经历将会像远方的星空那样璀璨。

在教导学生们时，我们不可以总是认为“他们只是孩子”或“让他们自己去解决吧”。我们的学生在学习的每一个阶段都需要我们的陪伴。

——罗凯珊·罗斯，西华盛顿大学教育学院教师

或许你们当中的有些人拿起这本书纯属偶然。请允许我确认你真正对成为一位中学老师感兴趣。弗吉尼亚州克罗泽的中学老师马乔借用喜剧明星杰夫·福克斯沃西的段子“你可能是个种地的”写出了自己的段子“你可能是个老师”。以下是她的版本：

★ 你可能是个老师 ★

如果你会毫不犹豫地告诉孩子拉好裤链，吐出嘴里的口香糖，拨开头发露出脸，而这只是在杂货店，麦当劳或你爱人上司的房子里的话，你很有可能是个老师。如果你可以在别人毫无察觉的情况下看出那孩子在嚼口香糖，你肯定是一个老师。

如果你可以理解以下校长的话外音：“你是如此的灵活”意思是“我要你教新的一门课程”，“你有不错的想法”的意思是“我要你加入另一个委员会”，“你这么有创意”是指“我已经安排你负责秋天的年鉴工作”，“你十分有耐心”意思是“我新给你的班级调入了一个调皮的学生”，你可能是一个有经验的老师。如果你还能眼观六路耳听八方视角至少有240°，恭喜你，非你莫属。

认清青春期的过渡性本质

读到这儿你还在？好吧，那你一定是真的想成为一位中学老师。让我们来看看使中学教学真正独特的地方在哪里。身为哲学家和医生的狄帕克·乔普拉提醒我们，我们人类的皮肤细胞每个月更新一次，肝脏的细胞每六个星期更新一次，大脑中的碳和氧每十二个月更新一次。由于体内组织不断进行更新替换，我们像一条穿越生命的河流，而不是冻结在特定的时间和空间的固体。乔普拉补充说，即使我们身体以这种方式进行“流动”，本质却始终保持不变，如，虽然大脑的分子会发生改变，但我们的记忆不会发生变化，记忆会随之转移到新的细胞当中。

学生们的大脑正处于发育的关键时期。我们过去曾认为大脑在十二岁时便不会再进行发育，但近几年的研究表明，人类的大脑在十五岁之前仍会以惊人的速度持续发育。中学生的大脑具有极大的可塑性，他们正处于最适合接受智力及道德教育的阶段，我们一定要把握好这个机会。

在短暂的中学阶段，学生们经历了快速的身体发育，并开始运用抽象思维解决问题。他们接触到大量来自社会层面的压力，这其中包括性、毒品以及暴力。同时，他们的自我意识正得以形成，逐渐习得社会技能，自尊自立，形成自身性格和价值观。于是，处在这期间的学生们产生了对社会层面的渴望。

- 与其他成人以及同辈进行正面积极交流，
- 对界限有清晰的认识，

- 以体魄来衡量自己的位置，
- 创造性地进行自我表达，
- 获得能力和实现成就，
- 参与有意义的家庭、学校以及社区活动，
- 进行自我定义。

注意我所使用的词汇：渴望。当我们渴望某件事情时，在得到这件事情之前，我们不会满足。如果得不到，我们便不能好好地表现。如果在课堂上不能满足这些需求，学生会渐渐地远离校园，缺少自尊心以及自我归属感，会选择犯罪和毒品在内的毁灭性方法来加以应对生活的困境。如果学生没有离开学校，可能只会礼貌地坐在那里，但是他们的知识水平没有提升，达不到学习目标，最终产生行为问题。

我所教授的课程是否能满足学生以上七点渴望呢

在自由的艺术活动中，我们是否有合理的结构和清晰的限定呢？当然！没有限定，课程将会一团糟。在语法课中，我们是否可以融入体育活动？你说呢？学生在我们的课堂上能否创造性地表达以及有效地给自我定义呢？是的，仅仅因为我们不知道如何做，并不意味着以上的目标不能够达成。当我们不能找到解决办法的时候，我们可以向同事、图书或网络求助，有时甚至可以求助于我们自己的学生。我们不应将自己的教学实践限制在自己的创造力范围之内。

七项渴望中，学生最为急切需要的是，掌握学习知识的能力及获得自我成就感，但他们不会说：“史密斯先生，我渴望变得有能力，

我现在感受不到。你能提供给我吗？”事实上，我们需要清楚自己的教学能力，否则就会失去自己的学生。

 一所成功的中学有哪些必备要件

咨询项目

学校要设立由一位老师、一位指导员或者一位教务人员组成的咨询小组，通过与学生定期见面来探讨学生所关心的话题，来建立老师与学生紧密的互信关系。通过这类项目，学生可以体会到归属感以及对成年人的信任感。学生们可以继续学业，不牵扯到黑社会暴力活动的主要因素就是他们与学校中的成年人建立互信关系。见面的频率可以设定为每天或者每两周一次，或者设置四至六天的咨询日，在每季度开展访谈。

跨学科分组合作

合格中学的第二要件，就是把一组学生分给由2～5名多学科核心教师组成的小组。因为这些老师的学生是同一批，相同的学习计划，能够让他们通过协作、共同与家长见面，设计主题，在跨学科间交流思想的同时，促进学科的相关性，满足学生的个性化需求。

切合学生们成长规律的教学方法

多样化，切合学生们发育规律的教学方法包含有活力的、具有知识核心的课程，包括解决学生自身问题以及关系学生本身，关注

现实生活问题的经验、积极参与问题的解决，差异化的教学办法、协作、关注他人、价值观以及道德敏感性。以学生为中心的课程包括抽象课程在内的课堂上动手的活动，灵活的安排。

探索性项目

探索性项目可以充分利用学生们内在的好奇心提高他们的学习兴趣。通过该项目，学生可以接触到关系职业选择的多个领域的不同学科，职业、娱乐、社区服务和公益活动。中学生所处的年龄阶段决定了探索对他们学习、发掘自己才能、兴趣以及建立自我目标都具有极大的影响。探索性课题包括外语、校内体育活动、健康俱乐部、学生自我管理、家庭财务课程、技术美学、独立学习项目、音乐课、艺术、演讲、戏曲、职业、消费理论，创造性写作及其他领域的特定课程。

教职工共同的愿景

优秀中学的教职工致力于学生们的教育，而不仅限于教授自己负责的课程。事实上，首先，他们认为自己是学生们的老师；其次，才是所教授学科的老师。他们对学生的期望不仅限于尖子生，而是对所有学生一视同仁。教师在教学中都训练有素，他们所在的学校也有着清晰的目标。

这一目标在弗吉尼亚州赫恩登市雷切尔·卡森中学得到很好地阐释：在安全、学生受到呵护的社区环境内，雷切尔·卡森中学的学生、教职工、父母们共同致力于呵护学生个人的发展以及建设优良的学术氛围，有尊严地彼此对待，尊重我们的环境、接受多样性，建立学生自尊自信的个性。我们鼓励学生积极地拥抱风险以及坚持自己的目标。

学校应与家长及时沟通，确保家长参与到课堂工作中来。每季度就实际问题召开家长会，展开父母志愿者项目，教授家长如何让自己的孩子在家庭中得到帮助。家长，在老师及管理者看来是学生教育成功的重要因素。

定位课堂上老师的角色

作为老师我所学到的第一课就是：课堂是为学生而设立的，学生并非是为我们而存在的。我们在课堂上要求学生所做的一切是为了使学习变得更加的简单，而不是有利于我们自己。老师的存在正是为使学生得到成功。有时这意味着我们应当选择灵活的教学方法以及放弃我们自己的授课偏好。例如：学生真的需要宽间距的纸张来做作业吗？如果孩子青睐印有横线的纸张，是因为这样他写的字可以紧靠在一起吗？有的学生喜欢给每一科目选择单独的作业本，而有的学生喜欢把一个作业本分成几部分来分别记录不同科目的作业。我们需要帮助学生看清各种做法的优缺点，帮助他们判断哪一种对于他们自己而言是最为有效的。我们的目标并不在于使学生变得顺从，最好的教学方法应当是最适合学生的那种。当然，我们可以强迫他们尝试新的技巧和概念，在教学目标可以达成的情况下，我们可以选择对其灵活处理。

优秀教师应该拥有哪些优良的品质

我们时刻不能忘记教师是社会的道德示范。是我们决定二十年之后的社会将会是怎样的，我们在学生们——未来领袖的严苛监督下塑造明天的社会。学生们会牢记我们所说的每一句话，因此我们应当注意自己的一言一行。中学教育的独特之处在于我们每天都要教给学生如何成为将来的模范公民，那么幽默、自嘲及对生命的敬畏是在这一年龄段的学生必须习得的生存技巧。

教学中需要有打破常规的勇气

我们必须打破常规，摒弃惯例，以对青年人进行教导。我们可以要求学生们将完整的文章切割开来，写出文章的提纲或结构，也可以通过给初三学生拍摄新陈代谢与运动关系的视频来学习这一知识。

当学生与某科学领域的研究者直接进行沟通时，他们便会把自己同样看作是一位科学家。他们在计算支撑特定重量的桥梁结构设计时便会体会到数学的力量。我们也可以要求他们在不使用形容词的情况下，用五句话描述一件事来了解词汇的力量。学生的思维也将通过模拟实验、苏格拉底研讨会、辩论和模拟等变得更加的清晰。

当学生们的作品被陈列在当地医疗机构、必胜客以及市政厅这类场所时，他们就找到了学习的动力。学生们可以通过透过窗户照进教室的一缕阳光了解到艺术作品中的线、空间及阴影的作用。同样，他们也可以通过停满汽车的停车场学到代数知识。

良好的口头表达能力

要在课内外尽量多地与你的同事以及他人进行沟通交流。在《老师怎么说，学生才会听》一书当中有大量的实例印证了老师的口头表达能力与学生成绩具有极大的相关性。具有较高口头表达能力的优秀老师，可以更好地将想法传达给自己的学生，并与他们以明确的方式进行沟通。如果你希望提升自己与学生们谈话及写作沟通能力的话，必须阅读更多的小说、教育书籍、期刊并参与社会及其他专业领域的讨论。

在接下来的十个月内，请写下你眼中教师这一职业吸引你的原因。你所写下的内容可能会同他人所写的相似，但如果你所教授的学生像我的学生那样有趣，你从教学中所获得的经验将远远超过从书本中可以获取的知识，你的人生经历将会像远方的星空那样璀璨。对于我们而言，这正是教学的魅力所在。选择何种方式来教授给学生们特定领域的丰富知识呢？这一挑战正如同福尔摩斯小说中的每一个杀人谜题，我们的学生在获得知识后满足的笑脸也使我们所做的一切努力变得更有意义。

第 2 章

开学的第一周你该做什么

上课的第一天，就应该告诉学生和家长你的联系方式，这包括电话、电子邮件、或者博客地址。随着时代不断的发展，你也可以用微博和微信和学生、家长沟通。

开学第一天，请确保你的每一位学生找到自己的归属感。

——罗珊妮·罗斯

在我教学生涯第一天的第一堂课上，我学到了教学生涯中最为重要的一课：学生对老师和学生自己的成功都极为重要。

第一次讲课，我所面临的最大的问题就是如何规划一学年的教学。同时心中还有这些疑问缠绕着我：学生们会不会喜欢和尊重我呢？我是否对我所需要教授的课程有着足够的了解？最为重要的是，我在教学的第一天以及第一周需要做什么呢？接下来我定了定神，希望可以搞定这一切。“只要开始了就好”我自己默默地祈祷着。

事实证明，在我从教的第一学年，我对教学资料的了解程度仅仅勉强超过学生。剩余的时间里，由于我的同事们肯忍受我每天多于二十个问题的骚扰，我的教学计划得以顺利实施，学生们似乎也很尊重我，我希望他们享受我的陪伴。但后来我发现，尊重以及享受我的陪伴并不是评价一位好老师的标准。在接下来的一学年，我制定的教学工作表使我充满希望：在中学教育这一领域，我要成为一个优秀的老师。此后的每天，我所做的这些改变都为这个目标努力。

在教学的同时让学生了解你

每当我们在阅读小说时，如果要求读完一章后需要写一篇总结或对其进行文学分析时，小说的情节就会变得不再那么引人入胜了。

对一位老师而言，最为恐怖的事情则是你得知一个孩子因为你的教学而讨厌这门课程。

作为一位教师，我们把自己所教授的学科“销售”给学生。我们说服他们，使他们相信自己可以掌握这一学科的知识，甚至可以在其中找到意义。与此同时，在9月份入学时，要让学生们相信自己将会获取所需的知识，相信自己可以以学者的方式来进行思考，并产生伟大的思想和作品。说真的，他们做到了。新的一年，他们也相信，他们会变得更加聪明。所有事情将变得很有挑战性，这是一个全新的开始。作为他们的老师，我们必须尽我们所能利用的一切。有了预期和能力，我们能做的只是给他们引好路。

接下来，伴着无休止的各种形式的考试，我们抹杀了学生渴望掌握知识的兴奋感，越来越多的学生变得对我们所教授的课程失去了兴趣。我们错过了一个把学科知识传输到学生神经元的难得机会。这可能是让学生真正热爱和接受我们所教授课程至关重要的一个阶段，我们可不想失去这一机会。然而，我们仍然不得不要求他们填写学校的那些表格、考各种知识点。那么，我们既让学生保持激情燃烧又做好这些工作该怎么做呢?

方法只有一个，那就是掌握平衡。每一天，确保学生在你所教授的科目领域可以学习到全新的知识，而不只是对去年所学课程的简单温习。在入学的第一天，设定严肃的学习氛围以及负责的课堂基调。许多学生可能永远不会公开承认喜欢上学（尽管许多人私下可能会这么做），但在假期玩了两个月之后，学生们会欢迎有意义的作业。

教学的第一天

在第一周和第一个月，作为中学老师的你应当弄清楚，你需要给他们提供哪些帮助。你可以参考之前在第一学年所制定的教学目标，给自己留3～4个星期的时间来介绍课堂流程，完成对学生的各项前期了解工作。

在最初的两周时间内，我将自己每天的时间平均地分配到教学及管理当中。顺便说一下，如果你处在一个团队当中，请不要忽略你的队友。你没有必要一个人来完成所有的表格，所有学科的老师可以来平均地承担表格填写的工作。

一定要把学生当作个人和学习者去了解。如果我们想要取得成功，必须把学生作为个人和学习者来了解。通常，这两点是重叠的，但从许多角度上来看，这两点是不同的。

你可以选择用活动平衡这两个角色。以下为三个适合任何学科的活动：

“什么是最适合你学习的办法”卡片

在学生入学的第一天，他们会在自己的课桌上找到一张索引卡片。学生需要在卡片上描述其最有效的学习方法。提示问题可以是：“你怎样才能好好学习这个学科？”“你最好的学习方式是什么样的？”“你觉得我怎么才能成为这一科目最好的老师？”每年，你会发觉学生们的回答是多么的有见地。我曾得到过这样的回答：“多用一些例子。没例子我一点儿都理解不了。”“如果你把知识写在黑板上，我可以得到一份复印件吗？”“我需要自己亲眼看到，不要只是告诉我这一知识。”和“老师你可以说话速度慢一些，太快的话，知识点太多使我头昏脑涨。”许多学生逐渐开始以学习者的角色来认识自己，表明自己的主张。他们通过这些卡片给我们提供无价的信息。为了了解教学全过程，开学第一天晚上我将类似附有提示的卡片寄给学生家长来获得他们对于孩子教育的观点和态度。通过两组卡片获取的足量信息，我完成了初期课程的分组和与学生互动的规划设计。在之后的一学年中，我不断地利用这些信息，来辅助自己的教学。有时，在二月我也会要求学生们对卡片的信息进行一定的补充与更新，以判断学生的情况在过去的几个月内是否有什么变化。

兴趣调查

兴趣调查是指通过1～2页的表格，让学生回答当面沟通时不会透露的信息。当然，调查所涉及的问题不能显得提问者咄咄逼人。如果问题令学生感觉不适，他们可选择拒绝回答。兴趣调查的内容可能包括

你最喜欢的一本书：

你到过最远的地方：

你最近看过的一部不错的电影：

你最喜欢的地方：

你最喜欢的食物/音乐/组织/团队

你所敬佩的一个人以及原因：

你回家后经常进行的两项活动

你有过的一个愿望：

你对自己职业生涯的期望：

你想承担的责任：

你对生活的建议：

学习者背景资料调查

学习者背景资料包括任何可影响学生正常学习的情况：频繁转校、父母离婚、多动症、学习障碍等。中学老师有很多可以利用的工具，也不需要花费资金上的成本，可以多向周边你的同事就类似信息进行咨询。此外，如果你了解互联网搜索引擎，许多不错的网站以及出版物也同样提供多元智能调查。学生通常可以自己进行评估或者在老师的指点下进行测试，你只需要阅读结果后将这一结果融合进你的规划当中即可。

教学第一天至第一周必须要做的

解决问题

你们中有些人可能熟悉“绳子激励”课程。在拓展课及类似这样的课程中，学生需要爬上三米高的墙，通过八个摆动轮胎，互相帮助参与者通过人工蜘蛛网，并跨越“电”篱笆。借助这一课程来观察学生们作为个人以及群体是如何解决问题的？你可以选择带学生们通过拓展活动发现自己的能力和潜力。

参观教室

带领学生参观教室。如果教室空间足够大，让学生们离开自己的座位跟着你走。你慢慢地给他们指出教室不同的功能区的位置——放置文件的区域，学习用品区，学生作品展示墙，电脑区，课堂图书角，作业任务张贴区，交作业的地方，课堂上的植物以及动物，粘贴家庭照片的地方，教学通知牌的地方，迟到签名处，放置多余讲义的地方和其他课堂上可能出现的功能区域。

带领学生熟悉教材

如果在课堂当中你需要时常参考课本，在入学第一周，最好带领学生一起熟悉一下课本的章节结构及其设置。随着学生们对课本日渐熟悉，他们正确利用课本的可能性也会大大增加，这可以提升学生的学习自主性。在熟悉教材时你自己要先审视一下课本，搞清教材结构和在这一学年中使用频率比较大的是哪一部分。不要担忧自己不清楚每一章节的使用频率，你自己可以先依照自己的经验进行推测，同时也可寻求同事的帮助。依照你所教授的课程不同，这些课本的元素可能包括

单元

章节

本章总结

教学时间安排

作者或翻译人员的背景资料

扩展以及应用

需要了解的内容

教材涵盖范围以及顺序

教材的主要主题

知识总结

你所教授课程领域的专家回忆录

熟悉教材后，你需要编写提示问题。例如：

◆ 我们教材的五大基本主题是什么？

◆ 提出元素周期表这一概念的是谁？

◆ 空气速度增大时，空气压强是增大还是减小？

◆ 在哪里我们可以找到系数的定义？这本书在近十年内是否已被更新？

◆ 每一章的哪个部分我们可以找到关于本章话题的创造性观点？

◆ 如果我们想测试某一章主题的知识，在哪一部分你可以找到测试题？

尽量将教材测试题的长度设置在1～2页内。我推荐先让学生独自进行测试。如果你决定让学生们以两人或讨论小组的方式来进行这一测试，要确定小组中的每一人都赞同最终答案。

带领学生游览校区

在入学的最初几天，请和一位同事带领新来的学生们熟悉一下学校内的各处环境。这不仅能够舒缓学生们的焦虑感，也可以让学生对校园产生感情。例如，之前从未考虑过选择艺术选修课的学生们，在参观窑炉和看到雕塑的煅烧过程后，在之后的选修课选择时会因清晰记得这一场景而选择艺术。当一个学生在游览的途中发出“看起来那些戏剧社的学生玩得很开心”的评论时，新的兴趣就在他的心底生根了；游览校园的另一好处在于：游览后整个班级的学生都对校园十分熟悉，以后当你需要他人帮你办事时，你所有的学生都将成为得力的助手。

带领学生熟悉火灾逃生路线

每个季度，带领你的学生走出教室，熟悉火灾逃生路线。在进行这一活动之前，确保学生熟悉逃生规则和地点。在演习的过程中，学生不许说话或乱跑。到达安全区的点名阶段，学生们必须及时应答。

当老师不在时的课堂秩序

老师的职责在于教会学生自主学习。我们期望学生们能够自己学会我们不得不教授的知识，继而成就他们的未来。为了达成这一目的，我们需要课程表以及纪律的帮助。

在第一周或第一个月，老师们应该投入足够的时间教会学生们遇到以下问题时的解决办法。可以将解决办法整理成索引并张贴在教室的前面，确保所有人都能简单地查询到。

如果发生以下情形，应当怎么做：

- 有人总是在骚扰，不能学习。
- 纸或者其他的学习用品不够了，找不到获取的地方。

- 需要去卫生间。
- 迟到。
- 找不到某一知识在课本上的哪一页。
- 需要一个人来检查作业。
- 不能及时的完成作业。
- 电脑出问题了。
- 不明白某个问题。
- 教室门口出现了一个陌生人。
- 情绪糟糕。
- 想喝水。
- 外面开始下雪，学生们都在激烈讨论“我们会早点放学吗？”
- 其他学生们会激烈讨论的情形。

记住，你没必要回答以上所有的问题，让学生们来思索这些问题，他们会找出不错的解决办法，你只要随时准备好帮助他们筛掉不靠谱的答案即可。

进行自我介绍

我通常会等到入学第二或者第三周时才会进行自我介绍，以确保学生们是教学的中心。但我们仍需要在第一天就进行自我介绍，而不是故作神秘。学生们需要道德和能力上的榜样，也同样需要与人交流，一定要找到合适的方式来介绍你的家庭、兴趣、职业规划和期望，给他们展示一个三维立体的你。

每周六你在流浪者之家做义工吗？做棒球或者游泳教练？每个

秋天要去郊游？喜欢银河牌饼干？哈佛或者州立大学？让他们看到不同角度立体的你。我只能这么说——只有老师们不避讳他们自己的个人经历，学生们才会取得优异的成绩。学生们对值得信任、可以沟通、形象生动的老师才能够交心。如果你喜欢幽默的话，可以像医生或者律师那样将你的毕业证书悬挂在办公室里。这样，在教学的过程中你就可以跟你的学生保持良好的沟通。此外，你也暗示了他们可以参照你的经历获得人生的成功。他们会将自己的生活看作一段旅程，将你看作受人尊敬、阅历丰富，情趣宽广的人。他们需要一个老师清晰的形象，来形成自己的人生观。对于许多人来说，你是他们健康积极人生的代表，这种感情将会超越你所教授的知识让他们铭记在心。

教学生填写个人信息

在入学最初几天，向学生介绍如何在试卷合适的位置填写姓名、日期、课程名称以及页码。在填写时，尽量与其他老师的要求保持一致。试想如果学生们要面对七个老师不同的填写要求的话，这将是多么让人抓狂的事情。

每天教一首诗歌

不管你教哪一学科，都要尝试着每天和学生一起分享一首诗歌。诗歌并非是精英阶层才能够欣赏的，诗歌属于我们所有的人。它给学习和生活带来新的维度，是我们得以感受到美的精神食粮。一首最初我们不能理解的诗歌，可能在某一刻突然在脑海中豁然开朗，带给我们一定的启发。如果你将诗歌作为你的爱好，你会发现学生们变得更爱思考，甚至会与你分享他们所喜欢的诗歌。这些诗歌或许是他们自己原创的，或者是对他们而言能够感同身受的。此外，某些学生会把你在课堂所教的知识编成诗歌，这也许是一个意外之喜。

解读进度表

同许多成年人一样，学生们希望看到长期的计划，他们需要不停地提醒以达成最终目标。在入学的最初几天，向学生介绍你总的教学计划——将要进行的活动、教学目标、学习经验、总结以及每天的计划、每堂课的时间和课间休息时间。期望学生们对计划表看过一次之后过目不忘是不可能的，要不断强调才行。

教给学生们学习的技能

老师应该在入学的第一周，开始教学生们如何做笔记，如何利用图画来组织内容和温习新知识。这既设定了严肃学习的基调，同时也教会他们自学所需要的知识。

记住，中学是学生们掌握复杂信息及形成学习习惯的开端。我们的学生入学之初并不懂得如何顺利地学习知识。因此我们不得不在接下来的2～3年中教会他们这一技能。现在我们教了，一个月后他们在学习中才能取得成功。

让学生们了解我们的坏习惯

不要问为什么，学生们写出像“圾垃”这样的词汇便会让我抓狂。我于是又教给他们这些词的正确书写方式，但一些学生继续犯这样的错误。这仅仅是一件小事情，但是我却对此无法容忍——这就是我的坏习惯。同样，我还无法容忍学生们做除法时那一根横线不连在一起或解代数题时落下左边的未知数。

让学生们早早了解我们的坏习惯有两个好处。首先，可以让学生们知晓他们在课堂上应当为自己的行为负责。其次，可以让学生们集中精神，不会太松懈。

作业

可以在学校的网站上做一个作业布告栏，写有各个年级每科目详细的作业任务。如果学生和家长希望在放学后了解作业，可以直接上网查询作业信息。

周末和节假日尽量少安排作业。这些时间，学生应当与家人在一起，放松、锻炼，这样才能在开学时保持饱满的学习状态。学生可以选择在周末和假期阅读自己喜欢的书籍。相较于完成学习任务，睡眠和健康对学生来讲更为重要。虽然家长很看重作业，但要请家长理解让学生自己管理生活的迫切性和必要性。运动、音乐、走亲访友，跟朋友玩耍以及家务活都是对世界的认识过程。学会平衡学习和生活是在中学期间应当学会的一项关键技能。

学生试卷

在教室中设立一个试卷角，没写姓名的试卷将被归类到“无姓名，零学分”文件夹。没收到试卷的学生可以在这里查找，找到自己的试卷之后进行二次提交。每隔数周，托盘中无人认领的试卷将会被扔到垃圾桶中。在老师对试卷打分之后，试卷将会被放到“待发放试卷”文件夹中。

家长来访

我们鼓励家长随时来参观我们的教室。如果你希望看到自己孩子的课堂表现，请先问他具体的上课时间。后勤人员可能会阻止无故打扰课堂教学的其他人，因此他们会与教师确认您的信息，才会让您前往教室。请在参观前，电话告知我。后勤人员会与我进行确认，确认后会给您配发参观者的标志。

老师联系方式

上课的第一天，就应该告诉学生和家长你的联系方式，这包括电话、电子邮件、或者博客地址。随着时代不断地发展，你也可以用微博和微信与学生、家长沟通。

如何成为校园志愿者

如果有家长希望成为一位协助教学的志愿者，可以给他一张申请表，上面写着——请将附有您姓名、孩子姓名，电话号码和您感兴趣的志愿活动提交给我们。请标明您是否希望来学校参与教学。我们会综合您的时间，在联系您的同时给您一系列可选择的志愿机会，您可以随时参与志愿活动。

每学年第一周的前几天总是激动人心的。我们大家都精神抖擞、斗志昂扬。我们可以利用这一时期，在完成入学行政工作的同时，激发学生们的学习热情。在入学的最初一周，建立课堂制度是尤为关键的。

第 3 章

快速改善课堂纪律的好建议

海伦·凯勒说过，教育的最高阶段是宽容。纪律的管理就如同倾听、思考、学生将自己的名字写在试卷顶端一样，是中学教学内在的一部分。

在浏览过熄灯、安静标志、协作学习赢取分数等美国当前流行课堂管理方法后，我最终发现，最好的课堂管理方法需要生动的教学及与学生完全真诚的沟通。我会对学生有不同的期望，我们也讨论他们对我的期望是怎样的。在课堂上，我尝试着不同的教学方法。最终我会遵从他们认为最适合自己的方式。

——阿里克斯，中学老师

听到类似的说辞，你可能想说好了好了，别说了。你早已经听过所有关于构成主义、差异化教学、技术、课程融合、全脑教学、作业规定、分组及其他关于中学教学的相关理论。但所有的这些理论在真正的课堂纪律管理面前，都会黯然失色。老师应当怎么管理课堂纪律呢？老师怎么才能够管理好自由涣散的学生呢？老师最有可能做到的，就是将纪律当作自己课堂教学的一件工具。

大家头脑中课堂管理者的样子是怎样的呢？他们似乎应当是表情严肃、脸颊通红、手拿直尺、永不让步、潜伏在大厅和教室，在学生犯下丝毫错误时便会跳起来严加惩罚的刻板形象。事实恰恰相反，严苛的课堂纪律管理只会适得其反。

什么是最有效的课堂纪律

多才多艺的中学老师将管理看作机会，而不是学生恼人的入侵。他们意识到自己所教授的学生正处在一个高度敏感的过渡阶段。学生们需要正规的教学，这不仅仅包括如何进行因式分解，同时还包括教会他们如何达到社会对于他们成为文明公民的期望。中学老师的任务范围要宽广得多，老师仅仅关注于自我教授的科目无疑将是对自我责任的一种逃避。

老师要让课堂纪律从设立之初就成为教学和评估的一个维度，而不仅仅是正常课堂之外的附件。课堂纪律与我们所做的一切相关，这包括我们如何与学生沟通，我们的课堂规划和我们如何应对学生所做的糟糕的决定。大部分课堂纪律或课堂管理问题可以归结为老师的要求和学生的需求之间的不平衡。例如，如果我们主要是通过老师讲学生听的方式来进行教学，将无法满足依靠视觉学习学生的需求。他们可能礼貌地坐下，听几分钟，然后我们就会迅速失去他们的注意力。当学生的头脑不被学习占据，他们就开始自得其乐，比如用铅笔戳同学，敲击自己的课桌，写条子，考虑班级里面谁喜欢谁，或者能否在同学不注意的情况下抠出他的鼻屎。

老师所教授的硬性知识，如果不能引起学生的兴趣，就削弱了学生对你的信任度和参与课程的欲望。例如，如果学生关心的是他们咕咕叫的肚子、教室的温度、生长痛，他们是不会听你所教授的从属连词的。我们必须首先理解学生的身体和情感状况，加以应对，之后才可以进行教学。大脑是一个适应性很强的器官，它会自动减轻压力。如果我们参照学生发育状况来进行教学，维持课堂纪律将会变得容易得多。

对于总是动来动去或打断课堂教学的学生，老师可提供避免冲突和宣泄多余精力的活动，来避免问题的产生，如给色盘涂色可以为学生提供锻炼智力的“白噪声”，使学生能集中精力，而与老师一同印制材料的活动可以使学生找到遵守纪律的感觉。这两种方式都可以减轻违纪问题。

许多纪律问题始于拒绝。学生拒绝为自己的行为负责“你为什么这么对我？我什么都没有做。马特在胡说，你也没有跟他说什么！”我们可以做的，就是**帮助他们接受他们自身的行为**。帮助学生接受他们自己行为的方法之一是：当学生否认自己的行为时，我们可以反复问他当时做了什么。每次学生回答后，继续问他，他做了什么，直到他终于说出自己所犯的错误。对于青年老师来说这是一个困难的学习过程，但它是非常重要的。我们要提防自己受情感影响而出现指责的语调。保持冷静，下面的对话演示了这种技巧。

老师：你做什么呢？

学生：什么也没做。

老师：什么也没做？

学生：我说了“什么也没做”你听不到吗？老师，你还来问我。

老师：你没做什么我就把你叫到走廊？

学生：我当时没做什么。你怎么不找布莱恩谈话？他也在捣乱！

老师：你做什么呢？

学生：我们就是在玩削铅笔刀。

老师：你做了什么？

学生：我们没伤害别人。

老师：你做了什么？

学生：我就是把玛利亚书包里面掉的卫生棉给了布莱恩。

老师：你做了什么？你怎么做的？

学生：好吧，我就是在布莱恩试着用铅笔刀削卫生棉的时候笑了一下。

老师：它坏了。

学生：嗯。

老师：那么你的意思是你捡到了别人的东西，给了另一位同学，他把它弄坏了，你觉得这很好笑是吗？

学生：是的，我觉得是。

我曾跟无数的学生进行过这样的对话。一次我们谈论到他具体做了什么的时候，我紧接着说："这对你的学习有什么影响？""这对你同学的学习有什么影响？""你要怎么做我们才能重新信任你？"这些问题着眼于我们会聚在课堂学习的根本目的。

"请君入瓮"是另一种帮助学生为自己的行为承担责任的方式。那就是在学生不设防的情况下，将我们的观点传达给学生。如果他不防御，他则会更倾向于倾听并认真思考。在实施中，老师表明自己觉得学生的行为有问题，为了解决冲突，他向学生来寻求帮助："我很沮丧，因为你在我的课堂上大声说话。其他同学因此分心，大家都不学习。你能不能帮我想出一个办法来让你知道什么时候可以讲话，什么时候不可以讲话吗？"践行"请君入瓮"可以从不同的角度来切入问题。因为这是寻求帮助，学生不会觉得受到指控。他的防御因此会降低，更愿意倾听。

有时重复提问或请君入瓮并不奏效。一个让学生为自己的行为承担责任的不错的方法是录像。录像不会说谎，我们可以告诉不承担责任的学生，“让我们看录像”。摄像头被放置在可以照到全班的角度。在当天晚些时候或放学后，让学生坐下来跟我一起回放录像。在第一次播放录像时，我要求就某个问题让一名学生来说说他当时正在做什么，和他的行为对自己学习的影响。然后第二次播放录像时，我让学生来形容他的行为对身边同学学习的影响。最后，学生被要求描述他的行为对全班产生的影响。当父母与我们坐在一起，共同进行分析时，这一做法十分有效。

到目前为止我们所提及的课堂纪律管理方法包括积极主动管理，依照学生成长规律进行管理等方法，让学生接受已经存在的问题。下面我们可以看一下**交互式课堂纪律管理**。

我们采用互动式纪律管理与学生沟通。互动的方式可以通过身体、言语或以书面形式进行。

互动是老师与学生关系的交互。在接下来的积极和被动纪律管理讨论中，我们要留心纪律的互动性本质。你会看到通过提问，你所分配的任务，小组任务等重新与学生建立积极的关系。在每一次互动中，你都有机会将课堂纪律教给学生，你的每一句话和每一个行动都是一个让学生变成熟的机会。

主动纪律管理

优秀的中学老师通常是可以灵活应用纪律的人。他们把大部分精力投入到纪律管理当中。

纪律管理的第一步在于依照学生类型来评估教学。假如班上

80%的学生是具象思考者，我们就要想方设法把抽象的概念转化为可以通过演示呈现出的信息，以使他们能正确感知。由于中学生的大脑前额叶还不发达，因此在每节课上都要求学生进行大量的思考是不切合实际的。我们采取的方式应当是增加重复频率。

我们还可以积极主动地防止课堂纪律问题。可以依照学生最佳的学习位置对其进行座位安排：他们是坐在靠近或远离窗口、朋友、门、黑板的地方吗？我们降低了百叶窗以去除在视频播放时电视屏幕上的眩光，我们在黑板上书写的字体应尽量得大，让后排的学生可以清楚地看到。我们要求学生保持自己的课桌区域干净整洁，我们整理了所有的学习用品，使学生们有足够的学习用品可用。学生可以自主找到他们所需要的一切资料，提前处理好影响学习动力的可能威胁和纪律问题，将对后期的学习形成很大的影响。

建立课堂教学的行为规则，是另一个积极的策略。对于每一学年的开头和中间，问学生们“为了达成目标，我们需要如何共同努力？”大家经过头脑风暴后的结论可以张贴起来，不要多于五条。我的课堂上张贴的预期有两条“尊重他人以及其私人物品，为自己的行为负责”。所有可能的课堂纪律问题几乎都可以归于以上两点当中，因此我的课堂就这两点规则。

我发觉，和孩子们一起进行头脑风暴，使他们能够参与到课堂管理过程当中是非常好的管理课堂的方法。我喜欢我的学生上课前准备好所需的资料，举手来分享自己的观点，尊重他人的学习意愿。学生们也很喜欢我，一些学生要求我将以下的规则添加到我们的班规中：

尊重高于一切

许多老师也在墙上张贴一些违反规定的惩罚方法，这看似公平。它可以帮助学生们认识到在犯错时必须接受的后果。但进行积极的情感铺垫才是更有效的课堂纪律管理策略。当学生感觉受到成年人的了解和尊重，他挑战成年人权威的可能性也会相应降低。每次我们肯定学生的努力，给学生以尊重，抬高他们放低自己，在他们遇到困难时真诚地与他们沟通时，我们都在赢得他们的尊重。学生会这样描述他们信任的人——“不要对沃姆利老师无礼，他很酷，不要冒犯他。”这意味着偶尔显示出我们人性的一面会让我们事半功倍。

具有8年教学经验的资深老师劳丽认为，最好的课堂纪律包含对彼此的关系积极细致的关注。她说：我发现，当孩子把你当成自己人的时候，他们可以更容易地宽容对方。在我教学第一年的最初2～3个星期，我急切地想早日展开课程，对花费到纪律管理上的时间感到可惜。可随着对学生们的关心时间投入增多后，纪律管理的时间却相应减少了。

有时我们可以用一些有趣的方法让学生接纳新的行为规范，如在听演讲时，做一位合格的观众的情况下，T形图是十分有用的。T形图就是在黑板上画一个大T，两边各有一栏，左边一栏标上一只耳朵，右边标上一只眼睛。在耳朵一栏下，我们要求班级中一些学生列出他们所听到的。在眼睛一栏下，要求学生列出其看到的情况。

让学生参与新行为的评估

把学生分成小组，让他们以笔记的形式对课堂表现进行记录，在课程结束之后将笔记交给你。老师要花时间跟踪各个小组的讨论，在笔记本上记录各种表现，这时不需要记录违纪学生的姓名。当小组讨论结束后，以反馈的形式在班级内说出大家做得好的以及需要改进的地方。这种直接具体的反馈方式，对学生的学习将有很大的帮助。

反应性纪律

即使最有经验的老师所制定的最佳授课规划也不能阻止所有的纪律问题。差错总会产生，运气好的话，我们通过自己的智慧，可以用适当的方式来处理这些问题。虽然并不总是出问题，但我们必须时刻准备好来应对每个问题。

在每个纪律问题中，要记住人身安全第一。曾经有一个愤怒的学生拿起他的课桌，将其举过头顶，准备扔到另一位同学身上。我在教室里三步并作两步，快速挡到第二名学生前面，告诉他撤到教室后面。一旦他远离危害，我对正喷怒火的学生说："我明白你特别愤怒，但如果你扔出去，他就赢了。把桌子给我"。

这个学生向后退了一步，咆哮着说他已经厌倦了自己总是被取笑。我说："这是个可以接受的说法，但你要问自己，你是否准备好承受抛出那张桌子的一切后果，如果你想继续目前生活的话，赶快把桌子放下来。"当然，在我说话的过程中在不断向前走，直到说出最后一句的时候，即使他决定扔出桌子，我也可以成功地抓住桌子。

接下来我说“把桌子放下来，我们谈一谈，我可以听一下你的观点。但不放下的话，你就没有机会解释了。”学生终于放下了课桌。我打电话到办公室要求一位辅导员来我们的教室。当然，我一米八的身高和两百多斤的体重在这当中起到了关键作用，但我也见过还不足一米六的老师干过同样的事儿。

即使平时很正常的学生也可能暂时失控。正常的学生们在得不到保障时都可能哭泣，可能因为芝麻大的小事变得急躁不安，但我们应该明白这仅仅是他们正常成长的一部分。对这种情况见招拆招，是一位中学老师教学中习以为常和非常重要的一部分。

其他管理课堂的好方法

老师要给学生留点面子。设立一个安静的角落，在他们自己失去控制时，可以有一个收拾心情的地方。这可以是小会议室，也可以是洗手间的空位。

我们也可以采用10分钟法则：如果你有一个充满负面情绪的学生，在10分钟内，问一个他知道答案的问题，找到一个方法来肯定他的才能，或让他在你的课堂上作出积极的贡献，通过这一方法来重建信任的桥梁。

另一个方法是建立一个秘密文件夹。好多年前，在我自己办公桌的墙上挂了一个这样的文件夹。当学生们为什么事困扰，他们可以在这一文件夹内留下一张便条，我保证在当天内阅读。通过这一文件夹，学生可以向我表达或分享私密的问题，甚至给我提出建议。

我觉得这是我教学生涯中的无价之宝。

还有一个比较成功的方法就是是修改张贴在教室墙上的违反纪律惩罚措施，如第一次违规，要求学生在课堂上读出他所打破的课堂规则，给一个口头警告。其实老师一个眼神也会让学生内心纠结许久。

第二次违规，老师会在私下与学生进行谈话，谈话会要求学生在停止犯错的同时，给他敲响警钟。如果事情升级到第三次犯错，那么就是该认真采取举措的时候了（通报批评、给父母打电话、参与学校服务、留校或其他的限制）。在学生第三次犯错前等待总是最好的方法吗？当然不是，如果错误的行为足够严重的话，你应该在他第一次犯错的时候就采取措施。

一旦学生犯了严重的错误，让他回到正路上就十分重要。多年来，我曾经采用一种可行的方法来应对这一情况。在第三次违反纪律或严重违纪后，学生必须填写一个表格。

对于一位优秀的中学管理者来说，幽默可不仅仅是个摆设。笑声可以传播正能量，帮助学生提高洞察力。资深的中学老师劳拉提供了自己的建议：

我不确定我是不是唯一一个这么做的老师。我提醒孩子们，如果他们不停止某些坏行为，我会给他们唱歌！一旦他们听到我五音不全的声音，他们就立刻安静了。我觉得这很有效。

用文件监控违纪行为

每一个资深老师都会告诉你记录违反纪律事件的重要性，违纪文档可以帮助你和学生。下面的表格简短但详细地记录事件的日期、时间、老师、学生，并对发生了什么事进行了描述。

行为记录表

姓名：____________ 日期：____________

年龄：____________ 老师：____________

A. 描述你做了什么，导致老师要求你填写此表格。

B. 这件事件让你有何感觉？你觉得他人对这件事情怎么想？

C. 这个事件突破了什么规则？

D. 你以后会怎么做，以确保这种行为不会再次发生呢（请罗列两个以上的做法）？

E. 你会怎么做来恢复我们对你的信任？（尽量多地考虑如何采取必要的措施以重建我们对你的信任，并从自己的错误中学习）

□对受伤害者言语上的道歉	□老师打电话给家长
□写信给家长	□参学校服务（捡垃圾，清洁校园）
□自己打电话给家长	□课后留校并让家长来接
□参与学校服务	□家长陪伴到学校
□课后留校	□开除
□写道歉信	□独自静坐
□不许参加喜欢的课程、活动	□与校长讨论
□午餐时不许在餐厅就餐	□利用自己的金钱来赔偿损失

其他方法：________________________

学生签名：________________________

老师签名：

附加评语：我们下次会面时，再讨论本次协议是否成功。

有时，我们只见树木，不见森林。每天因为忙于150名学生的日常管理和自己的生活，因此看不到种种慢性纪律问题。这时候就需要客观地查看违纪手册或依靠其他人来告诉我们学生的小毛病。

尽量减少采用偏激的纪律管理方法

在中学的课堂纪律管理当中，利用体罚来管教孩子从道德上来讲是无法接受的，但能够形成一定威慑力。有的老师体罚学生时让他们伸出手臂坚持一个小时，还有一些体育老师体罚的方式是让学生做仰卧起坐、俯卧撑或绕着操场跑圈；另外有一些老师让学生进行体力服务，如清理涂鸦、捡垃圾、打扫食堂和洗手间。在大多数情况下，体罚有一些威慑力，但也不要过头。

别总是用惩罚威胁孩子，这会破坏你自己的权威。你可以在学生的不当行为发生之前，清晰地向他们描述其不良行为的后果以避免这些状况。

避免对学生进行侮辱和奚落。这绝对是一种有害的行为，它不能教导学生变好。它所教会孩子的只是如何在成人世界里进行辱骂。

你会因此看起来很逊，孩子们觉得真正成年人的处事方法要比你成熟多了。

别用“为几个人连累全班受罚”的连坐制度。这是行不通的，且会滋生怨恨。有些问题可以通过班级会议的方式来进行解决。

不要将罚写作为惩罚学生的方法。罚写“我不会再在教室里乱扔橡皮”500次，这个做法不会改变他接下来乱扔橡皮的行为倾向。

我们建立纪律的根本目的在于教育和改变学生，不只是就某事进行反应。不要将抄写字典中某一页作为惩罚学生的方法。这是无效的，且会催生学生对于文字的不满。请牢记，语文老师正努力将写作是有趣的这一观点灌输给学生。作为一位数学老师，我永远不希望他人将数学知识作为惩罚学生的方式，科学老师也不希望其他老师将做一个枯燥乏味的实验作为惩罚学生的方法。

海伦·凯勒说过，教育的最高阶段是宽容。纪律管理不是放牧一群未驯服的小猫，而更像是头雁带队飞行。我们如果将纪律看作是一件可以强加给学生，需要在教学前搞定的事情，我们就不会成为成功优秀的老师。纪律，如同倾听，思考，学生将自己的名字写在试卷顶端一样，是中学教学内在的一部分。

第 4 章

与学生进行良好沟通互动的好建议

老师若想与中学生建立牢固的关系，必须赢得他们的信任。他们终究会明白，老师并不想拔苗助长，而是看着他们慢慢成为破茧而出的蝴蝶。

> 我觉得老师在学生面前最优秀的品质是诚实。教学中有些事情是要绝对禁止的：取笑别人、骂别人笨、不努力等等。教室是师生共同进步的场所，师生聚在此处，花上一年的时间共同研究一些难题，总结新观点，学习新知识，最终共同成长。我坚信的一点是“再难也会有办法”。
>
> **——马萨·洛儿，中学老师**

我曾连续六个夏天成为纽约卡茨基尔山霜谷基督教青年会的一位工作人员。有很长一段时间都是露营渡过。当学生参加野营时，青年会的意义更加特别，因为学生有可能来自家庭暴力的环境，有可能家境不富裕，甚至自信心不足。我们用了几天的时间远足、做运动、爬山、参加冒险游戏、唱劲歌、做服务项目、并帮助每隔一天就需要进行肾透析的队员。我们在日落之后围着篝火而坐，放松大家的情绪，开始慢慢吐露自己的心声。有一个十二岁的男孩坐在我旁边，他身体壮实，爱耍贫嘴，不讨小组的人喜欢。科尔湖的深蓝色调布满了整个夜晚，落日的橙色余晖洒落在他的脸上。

“我以前从未感谢过任何人。”他说道，声音很小，和流水似的。

“你的意思是？”我问道。

“我是说真正地感谢一个人，比如说有人送给了你一件东西，你可能点头致谢或开几句玩笑，但你并不知道他们究竟为你做了什么。”

“没错。”

他沉默了一会儿，继续说道：“不过我想对你表示感谢。”

我没有做声，只是看着皎洁的月光冰冷地映在湖面上。

“谢谢你。”他说道。

“很高兴你这么说，但你为什么感谢我呢？”我回道。

他将目光移向别处，说道：“谢谢你一直容忍我。我知道我比较难伺候，但每次你都给我机会。我只知道从别人那里索取，却很少回报。”

我转向他说道：“看来我功劳不小啊，不客气。”

我们听了一会儿湖对面传来的蛙声，都很留恋这一刻。

“我喜欢现在的自己。”他说道。

我点了点头，我又何尝不是呢？

我知道这听起来像是替宗教团体做广告，但事实绝非如此，那一刻真的发生了。师生之间的这种关系通常发生在户外远离学校的地方，尤其是共同研究某课题之后。其目的在于拉近师生之间的距离。

当然，虽然新老师并不希望仅通过一张成绩单与学生建立联系，但如果你不这样做，几年之内就有可能无法胜任中学老师的职位。当老师和学生记住中学最难忘的时刻时，相互之间的感情便加深了。人与人之间的联系——学生与学生之间，学生与老师之间，老师与老师之间，老师与行政人员之间能够赋予所做之事以意义。毕竟当我们回头看时，能够记起的是人，而非某一节课。

我用了很长时间才真正理解了如何最好地与学生相处：当我们与学生交流时，刻意让他们喜欢我们，结果通常是相互之间更加疏远，教学效果也很不乐观。如果我们不知道在某种情况下如何采取行动，就应该将每次良好的教学实践当作机会，从而和学生成为朋友。师生之间的关系应该是长期的、深层次的，而不是短期肤浅的、经不起考验的。

学生们总是喜欢专业而又准备充分的老师，对那些水平欠妥、不善于处理学生们问题的老师弃如敝履。中小学生渴望学业成功，渴望与有才能的老师而非不成熟的老师进行积极的交流。学生之所以会被老师吸引，是因为老师为其提供了积极而又成熟的示范。那些试图在行动和思想上与学生保持一致的老师，注定一开始就会失败，因为学生一眼就能看出谁会帮他们走向成功，谁又会导致班级管理一塌糊涂。学生们想接近的，是能够教给他们真东西的人。

老师若想与中学生建立牢固的关系，必须赢得他们的信任。这种信任不仅仅是保守秘密而已，而是让学生明白，无论他们做了什么冲动不理智的事情，我们都不会忽视放弃他们。学生们的举止不可能每次都能按照社会预期的那样，所以他们需要老师的包容。他们终究会明白，老师并不想拔苗助长，而是看着他们慢慢成为破茧而出的蝴蝶。

此外，我们还必须让学生相信一点，即我们会遵守所做承诺，如果犯了错误，肯定会勇敢承认。学生们希望老师能在危急时刻保持镇静，既体贴他人又内心强大，即能坚持己见又能心胸开阔。他们想确定老师的阅历比他们丰富，所教授的知识准确无误，从而促进自身的成长。总之，学生们希望老师能够站在他们这一边。然而老师在中学教学实践中该如何培养这种积极的师生关系呢？

最有效的教育是你的真性情

老师和学生的真性情体现在每一节课之中，比如一位受信任的老师情感丰富，对学生是很有好处的。我们可以在读到一篇小说的动情之处落泪，可以对社会不公表示愤怒，听到有关越南战争或大屠杀的演讲时神情庄严内心深受感动，也可以为某个学生经过不懈努力取得的进步感到高兴。虽然中学老师展现自己真性情的一面略有风险，却仍非常值得去做。与学生分享自己的真情实感，能够加深师生之间的情谊。学生希望老师能够坦诚，鄙视做作伪善的行为。分享自己的真情实感绝非软弱的表现，实际上是老师最难做到的，也是最为有效的教育手段。

音乐作曲家和指挥家伊戈尔·斯特拉文斯基说的话非常正确："我作为一个作曲家，大部分人生经验都来源于所犯之错和所走之弯路。"学生有权冒险，有权犯错，这对他们的发展至关重要。学生在中学阶段就应该摸爬滚打，然后被人扶起，拍拍身上的灰尘，再次踏上旅途。在此期间，学生应当学会如何处理各种困境，为日后的成长打下基础。作家赫伯特·普罗赫诺提醒读者说："只有亦步亦趋之辈才会永不犯错。"

然而令人遗憾的是，一些老师和学生将冒险导致的学习困境看作弱点，而非一种美德。他们不敢挑战，生怕让他人看到自己的不足，并最终因此一事无成。为了鼓励学生探索学术，老师可以在学生面前尝试新的战略，讲授新的材料，学习新的技能。我们绝不能虎头蛇尾，而应该培养一种文化，师生可以从中不断挑战，偶尔失败也无妨，最终从失败中吸取经验教训，从而强大自己。学生们需要老师明确且经常的指引，才能确认自己面对挑战做出的回应是正确的。有一点很关键：一个人所冒风险和他与周围人的亲近程度成正比。我们的学生所冒风险的程度，取决于对我们的信任程度。因此培养与学生之间的积极关系，直接影响了他们的学业成绩。我的计划书开头一句话就是："如果我是班里的一员，我明天还想回来吗？"有目的地调动教室的情绪氛围对学生的学习至关重要，其效果绝不亚于课程计划、教学评估或作业分配。以下是调节教室气氛的几点建议。

◆ 让学生在作业方面有所选择，从而使其感受到被重视。不过一定要确保所有的选择都为你的目的服务。

◆ 公告板或海报中的学生作品数量一定要超过老师作品的数量，以便让学生感受到自己才是教室的焦点。

◆ 为学生制定学习责任及任务，他们会不断努力，并在此过程中变得自信、尊重同龄人并善于解决问题。

◆ 一旦学生有不适当的言论或行为，立刻予以否定，从而让学生明白这样的行为是不被允许的，做出积极言论的学生同时会明白自己是正确的。

◆ 讲故事。学生们喜欢故事阐明的概念，大脑易于理解，学生也会喜欢上你的课。

◆ 开始上课即说明教学框架，比如"通过今天这节课，你将学会……"或"我们将通过以下方式完成教学目标。第一……"

◆ 抓住每次机会提供及时的反馈。学生如果知道作业一两天之内就会返回，肯定会更加认真负责地完成。减少作业量，这样你才能及时得到学生的反应，从而帮助他们快速掌握所学概念。

◆ 增加提问与回答之间的等待间隙，从而让每个人都能充分思考所提问题。一旦你叫了某个学生的名字，其他人就不再思考，也就无法建立记忆的神经网络了。当然，如果老师能够让其他同学进行反驳、澄清或支持，他们也就不会停止思维发散了。一个额外的好处是：老师将不再是学习的中心人物。学生可以从其他同学那里学得知识，甚至可以在没有老师的时候学习，因为同学之间可以互帮互助！

◆ 增添对学生有意义的主题，这样才能加强学生的长期记忆。当所学知识有意义时，学生便能培养对其积极的态度。如果学生事先不了解某主题，老师应该在进行讲授之前提供一些背景知识。例如，老师在分析有关诗歌如何反映所处时代及社会的评论文章时，可以向学生事先读一下达德利·兰德尔的大作《1963年伯明翰民谣》，内容有关民权运动之时四个黑人女孩在南方教堂发动起义。之后再和学生讨论诗歌如何反映当时的社会。这样一来，文章有了意义，学生的记忆也就更加深刻了。

◆ 为班级创建“过渡礼仪”计划。中学生并不能随时了解自己的进步，他们需要老师指出自己的进步大小，并庆祝阶段性成功。这样做是非常激励人心的。为了掌握学生每一阶段的进度，可以对学生这样做：全班同学都进行祝贺，对其颁发成绩证书，将作业张贴在墙上，在学校论文中提及此事，或在成绩单上特别标明。

◆ 让学生意识到自己哪里做得对。如果总是批评学生，他们和老师在一起会感到很大压力。

◆ 鼓励积极的冒险。对经常冒险的学生大加赞扬，即使偶尔失败也没关系。

◆ 优秀的中学老师会允许自己的学生对其进行肢体接触。这种接触的力量对学生们而言是很强大的，它建立起了亲密的关系，以及相互之间的信任。有时学生碰触老师，只是好奇老师是否真正存在。学生们会非常想念和小学老师以及父母碰触时的舒适感。站着不动，用肢体语言说“我仍然在这里，我会一直相信你的学习能力”并不是什么难事。在我自己的实践中，学生们有时会因为我工作做得好而拍打我的背，有时和我握手，甚至当我们在课堂上共同批阅一篇文章时将头放在我的肩上。他们的这种行为偶尔令我感到不舒服，但只要不是太过分，我都会接受，因为学生都有想和成年人建立联系的心理。

教学前要充分了解学生

当老师充分了解了学生之后，就可以有目的地进行教学，也会相信学生的学习能力。因此，老师应该竭尽所能去了解自己的学生。

在开学的第一个星期，你要记住所有学生的名字，哪怕你的班级有上百人。方式灵活使用，可以玩姓名游戏，可以在上课时提问，可以在放学之后记忆，也可以在楼道里回想。对学生们而言，他们所尊敬的长辈能够记住自己的名字实在是件令他们开心的大事。每年都有不少家长告诉我，他们的孩子回到家后兴冲冲的，因为我在楼道里和他们打了招呼，还说出了他们的名字。态度积极的学生更能活跃课堂气氛。

探访学校周边地区，了解学生的生活起居。

定期让学生了解当地的报纸信息，广泛的阅读是在播撒好学的种子。

尽可能地多和学生及其家长交谈，方式地点多种多样：走廊里、校外实习时、教室内、电子邮件、杂货店前、运动比赛现场……总之在所有能够相遇的地点。询问他们的最新动态以及重要之事，并不会令人生厌。大多数家庭乐于和老师分享乐事，一些家庭甚至会和老师商量家庭大事，比如受戒礼、坚振礼、童军荣誉、婚礼、游泳比赛、舞蹈演出等等。

学生并非老师的敌人。如果老师能够花时间去了解学生，当课程难以进行或学生行为有所不妥时，便不再会将学生当作“万恶之源”。此时老师可以采取类似临床医生的办法解决困境：确定消极因素，调查原因，做出诊断（通常与他人合作完成），之后建立一个方案解决问题。这种方法要比失去理智后的体罚好得多。老师不应当将各个学生看做抽象的数字，而应该多鼓励孩子们的梦想。只有了解自己的学生之后，老师才能更致力于学生的成功。

接受学生的真实一面

老师绝不能强求中学生的言谈举止如成人一般，不能苛求他们第一次尝试写作就能像专业作家那样熟练，学生无法连贯表达时也不可对他们动怒。中学生毕竟还只是孩子，他们可能身穿最喜欢的超级英雄睡衣，抱着毛绒玩具睡觉，却忘了关灯。有人绊倒了，他们可能会笑，喜欢的人经过时，他们顿时说不出话来。他们会低头，会脸红，会到处攀爬。指望学生像成人那样做事，是很残忍的。老师的职责应是尽力确保学生的成功，而不是批评他们的不足之处。

由于学生经常以一种半成熟的状态和我们交流，导致我们有时会忘记他们并非成年人。当学生的举止和情绪反应不成熟时，老师很容易以为是学生的问题。实际上恰恰相反，问题出在老师身上。不错，老师可以设定一个很高的期望值，但当学生无法达到时，老师也大可不必觉得学生一无是处，更没有理由变得恼怒。随便应付一天是绝对不够的，老师必须运用教学的有关知识，真正奉献在学生身上。瑟斯顿告诉老师“不要挑剔学生的穿着打扮，染绿色头发的学生仍然可以学好代数”。

大多数中小学生的心智尚不健全，不能完全辨识真理，也不能快速领悟现实。他们对某学科的态度，往往取决于对该学科老师的态度。此外，他们很在乎别人对自己的看法。在近期的弗吉尼亚州中学协会会议上，主讲嘉宾迈克尔·尼尔如此总结学生的看法：“我不是我所期望的那样，也不是你所期望的那样，而是我认为你所期望的那样。”作为中学老师，我们的每一个动作、每一句话甚至每一个语调都能改变学生对本学科的看法，甚至对世界的看法。所以老师应该确保将自己的文明、能力和美德体现在每一处。

将学生看做有能力的个体

成功的师生交流之中绝对不会存在以下三种情况：故意羞辱、

令对方尴尬以及一种居高临下的口吻。当然，这些情况偶尔也会发生，但绝非老师的本意，老师也在竭力避免与学生交流时发生这些情况，即使是在教室之外。因为这不利于课程的成功讲授，构成了一个伤害学生的错误情境，老师地位的提高建立在了贬低学生的基础上，这是恶霸行为，请千万要杜绝。

如今的学生都是非常优秀的，他们能够分析问题并采取纠正措施，可以得出精辟的比喻令老师咂舌。他们的同情心可以延伸到最不可爱的生物，他们也可以创建网站，所采用的先进的编程语言应已经超越了老师传授的技能。有些学生可能在吃午餐时对喝呛了牛奶的学生大笑不止，片刻之后却又指导某个同学掌握渗透和扩散之间的差异。他们可能会在对方的网球鞋底大肆涂鸦，却又能明确描述美国政府分权制衡体系三大分支的优势。老师有时可能对学生哭笑不得，但他们值得老师每一次尊重地点头。

盯着水面一辈子也不可能学会游泳，同理，老师如果仅仅告诉学生责任的重要性，他们也不可能学会承担责任，所以学生必须有实际行动。他们可以记录数据，领导全班玩游戏，担任主讲嘉宾，照顾教室的宠物和植物，共同授课，规划活动，协助代课老师，联系专家，维护教室报纸和公告板，学会使用新技术，帮助设计评估，保持场地和设备的清洁及良好运行。

为了促进学生履行这些责任，我们可以创建一个生产办公氛围，使学生拥有所需的一切，从而满足我们的期望。这其中包括协同工作或独立工作的空间以及办公用品，如铅笔、钢笔、橡皮、剪刀、订书机、横格纸、白纸、文件夹、粘垫、胶带、胶水、电脑、电脑磁盘、报告封面、蜡笔、计算器、尺子、量角器、圆规、方格纸、辞典、字典、参考材料。我们试图让学生产生这样的感觉：“哇，我感觉现在满脑子主意！我要是能有那件东西，完全可以做出一番成就！”一些老师告诉学生，学校是他们的工作。如果是这样的话，课堂就是他们的办公室，他们需要充足的工具才能做好自己的工作。

老师还可以通过以下方式让学生感受到自己的尊重，即让他们感到自己招人喜欢。当我们和学生接触时，可以对他们微笑，叫出他们的名字，认真倾听他们的话并提出有趣的问题，最后想尽办法展现他们的价值。我们可以将走廊当作与学生交流的场所，讨论各种各样的问题。这种方式使我们看到了学生的其他方面。有了这些优势，走廊交流便能有效达成我们的目的，其重要性也得以加强。我曾经教过几个从未走进我教室的学生，他们来自其他班级，只是碰巧经过我的教室。我们在走廊里的交流促进了他们的学习。和学生相处的每一刻都是传播正能量的机会。

学着做一名成熟的老师

当我还是个中学生时，我讨厌使用便条卡片做研究。它们从未为我提供方便，反而使我厌烦不已。我宁愿使用数据检索图表或笔记本纸，将研究问题写在上面。我教授研究能力二十余年，从未要求学生使用便条卡片。相反，我教给他们六种做笔记的方法，然后让他们选择最行之有效的方法。老师应当确保所采取的措施适用于每个学生，而不是为了整齐划一。如果老师能够灵活处理并摒弃自己的偏好，学生的成功只是水到渠成。

老师身为成年人，应该为交流的过程负责。我们是教室之内的权威，如果被学生触怒，应当及时化解不良情绪："迈克尔，我现在心情很糟，给我十分钟平复一下，让我能够冷静思考。待会我会在办公室和你私下交谈。"当然，最好的建议是，绝不要和学生发生争吵。这一点说来容易做来难，但只要踏出了第一步，以后会越发轻松。请记住，学生们渴望限制。作为成年权威，你可以通过设置限制加强与学生之间的关系。如果老师不设置限制，学生会产生不安全感，结果导致不信任和不满。可以采取多种方式设置限制：

"你还有三分钟做这件事。"

"谁能告诉我作者在何处偏离主题弱化争论？"

"你那样碰她属于骚扰行为，把手从她肩上拿开。"

"如果你的课桌很乱，说明你速度太快，根本找不到所需的东西。现在给你两分钟时间整理一下材料。"

最后我有个警告：切勿与学生单独相处。无论你是男是女，都要记住这一点。在法律眼中，老师应当全权负责和学生的交流过程，无论学生有何举动。当今社会对与孩子有关的不当言论及行为特别敏感，甚至关心孩子时真诚和专业的姿态都可能被误解。每一年我们都能读到由于学生或家长误解老师言行而对其进行指控的新闻。经过数月甚至数年的调查，终于撤销了对该老师的所有指控并让其复职，而这位老师最终却因为社会的猜疑和内心的疲惫而辞职。早知今日何必当初呢？老师可以单独和学生工作，但要确保房门大开，如果在图书馆要有馆员在场，如果在办公室要有学生家长在场，如果在教室要有其他学生或老师在场。

虽然我们可能对某些学生不太喜欢，对他们的某些行为感到反感，但这并不能阻止我们全力照顾他们。因为我们都是成年人，内心强大到足以克服自己的偏见，看到学生好的一面。此时不妨想想我们真正的使命：确保每个孩子的个人成功和学业成功。尽管有学生偶尔捣乱，如果我们能够专注于培养与学生之间的积极关系，大部分的旅程将是非常愉快的。这对他们的学业成就和我们自己的工作满意度至关重要。

我们经常听到这样的消息，曾经的差生毕业之后成为了成功人士，当被问及是何人帮助他们克服种种挑战时，答案往往有老师在内。作家罗安妮·乔森几年前在全国中学生协会会议上说了一番令人震惊的话。她问在场的每个人，人们聘请私家侦探的首要目的是什么？大多数人都说是调查不忠的配偶。

她点点头，但随后说道："我也这样想，但调查研究表明，这只能退居其次。人们聘请私家侦探的首要目的是找到那位改变了他一生的老师，以感谢老师为他们所做的一切。"

我们都惊呆了。有些人，包括我自己在内，都起了鸡皮疙瘩。谁也没有想到教学还有这样深远的影响。

与学生之间的积极关系，对他们的成功有直接的影响。我们讲授的知识还是能够为其提供思想和希望的源泉，对于与学生共同创造的世界而言，老师是奠基者。

第 5 章

与学生家长进行沟通的好建议

家长就像学生，只要我们完全了解，便不会产生误会。让家长看到我们非常关爱他们的孩子，决不会辜负家长的期望。家长会是一个表达我们正在激发孩子潜能的良机。

> 每年，我所教班级的父母都将不同的才能和技巧带入我的课堂中，今年有位学生的母亲是医药专业人才，她给课堂带来了关于细菌的知识，上一年有一位父亲是工程兵，给我们带来了关于土壤的知识。还有一年，我有一位学生来自巴勒斯坦，他同我们分享了很多关于他家庭的故事。我发现当你真的希望学生家长参与到教学当中时，他们总是会参与其中。他们会反过来变得信赖我，观察我与孩子们进行互动，且协助我们创造有利于教学的氛围。
>
> **——玛莎·斯坦拉，中学教师**

“特利西亚，说得好！你可以再说一遍让大家都可以听清楚吗？”尽管我是对着特利西亚说话，但我在说话的同时看着其他人。毫无疑问，今天探索液体特性这一教学内容没有电视节目有趣。

特利西亚重复回答道：“聚合力，这是导致水的表面张力的原因。”

“你能够详细说明一下吗，里恩？”我问到名单上的一位男生。

“嗯，好的，”他咧着嘴笑了笑：“所谓的聚合力就像是，当你将两滴水放到蜡纸上，将他们彼此靠近，便会逐渐地形成一个大水滴。”

“嗯，好的里恩，你说得很好，”我说着将问题转向全体学生：“利用你桌子上的物品，怎么样才能证明水具有表面张力呢？”没有人说话，我满怀期望地等待着。

我在等待学生回答这一问题的同时，不断摆弄着手里的卡片。你能够感受到那种越来越强的不适感，二十八名学生在想着老师到底想让学生怎么做呢，其他的五个人却在想着午饭。

“如果说水的表面张力很大的话，”我沉思着说道：“这一力量应当可以支撑比自己本身更重的物品，嗯。”我让纸片丢落在学生课桌上，之后捡起它来，为我的笨拙而表示道歉。他们还是没有理解。于是，我将纸片放入嘴角上叼着，继续说话。

“如果我们能够找到可浮到水的表面的物品，便有强大的证据证明水分子之间具有强大的吸引力。但我可以用什么东西呢？”那个纸片又掉到了另一个学生的桌子上，我再次道歉，把它捡起来。突然，有一个从迷惑中清醒过来的学生说：“对，对！我们知道了，就是用纸片对吗？”马修也回答道。

“神奇的演绎，小小福尔摩斯们！”我说道：“同学们，我们想想除了纸片，还有什么能浮在水面上？”

接着我们用多个回形针组成一个巨大的L，学生们发现回形针都浮上来了。这向所有的学生证明了水的表面张力。

“现在用吸管往里面加一滴肥皂水”，我指示道。学生们添加了肥皂水，金属敲打的声音从试管底部传出。特利西亚笑了“发生什么了？”她问。我等了一下，教室里的讨论声越来越大了。“那么，沃姆利先生，为什么要这样做？”

“小狗！”有人喊道，所有人都转头去看。

在我教学生涯中，这种状况第一次发生。小狗从哪儿来的？

小狗！怎么会有小狗……

然后我看到库珀太太，安妮·库珀的妈妈走进教室。她拿着的盒子里，七只小狗的头和十四只爪子在边缘露出来，小尾巴敲打着盒子的边缘。这几只小狗如同万能的黑洞一般使大家离开自己的座位，冲过去逗它们。没人来阻止学生这么做，效果更仿佛是以上试验中的那滴肥皂水。我也凑了过去，一只脸上有个白点的小狗舔了我一下。

父母可以成为我们教学最伟大的盟友。尽管他们有时会有各种无理的要求，对教学毫不关心，有时也会像库珀夫人那样给我们的课堂带来惊喜。可以肯定的是，我们必须与家长进行互动来促进教学。我们不能整天想着家长不能够积极地配合我们，事实上家长对孩子的教育有着十分深远的影响。如果我们关注于学生学业的成功，就必须培育良好的亲师关系。

如何与学生家长进行沟通

注意，老师和家长沟通时应当采用日常的语言，而不应采用繁杂的教育术语。我们首要的目标在于成功地与学生家长进行沟通，最终让家长能够了解老师的话，而不仅仅是表现我们作为老师这一职业的专业性。老师同时需要聪明地与学生家长进行开放性沟通。

在沟通中，老师不应粗暴地评价家长对于自己孩子的教育方式——这一方法并不可行。在你对家长评价的那一刻，家长的防备心理便建立了起来，家长就对你竖起了心防。真诚地说，我们对于家庭教育的经验并不一定较他们丰富，因此要避免对他们的教育方式进行评价——要学会积极主动。在人们对你产生不满之前，你可以通过打电话，写信，写电子邮件的方式来进行解释说明。如果说你想要把一个学生从一个学生小组移到另一个更加适合他的学生小组之前，如果你了解这个学生家长对于课堂公平非常的警惕，你可以在这么做之前提前给他的家长打个电话来解释你的想法。他们可能会跟你分享一些可能会影响你决定的想法。通过听取家长的意见，他们可能也会更加支持你关于教学的决定。

我们需要对所有家长都如此吗？当然不是。大多数学生家长相信老师能够做出妥善的决定，然而有些家长却需要多交流才会相信我们。这点无可厚非，不须太过介意。在这个快节奏的世界，我们的步伐太快，以致忽略了交流。我们通常仅从教室里观望世界，却难得从家长的角度看问题。虽然我已为人父，有时也不免质疑孩子老师所做的决定，却只能过后再和老师交谈，听听他们的理由，最后还得感谢他们所做的决定。不知情滋生猜疑，诚哉斯言。如果能定期和家长交流，解决问题只是区区小事。

有一点需要提请尚未有子女的各位老师注意：有些事情只有在生养孩子之后才能了解和感知。这点请务必相信，因为我在为人父母之前曾经教学十年之久。从教室观察得来的学生动态，让我能够指导家长如何在家里处理问题。在一定程度上，我的建议有可取之处，但有许多问题是我无法解释的，也无法提出有效策略供家长采用。每天处在真实的家庭环境中处理各种问题，才能找到解决问题最为有效的办法。如果你尚未有子女，一定要向那些擅于处理孩子问题的家长讨教经验，并将这些经验传授给其他焦头烂额的父母。承认自身的教育经验仍有可提高之处，是我们身为老师的准则之一。

避免冲突并非是与家长交流的唯一目的，顶多算是次要目的。

定期与家长交流的首要目的是：

◆ 告知对孩子的指导与评估，方便家长为孩子做出恰当的学业决定。

◆ 告知家长如何指导孩子学习，如搜集信息资源；解释指导与评估；安排家庭老师；纠错改进或课外帮助。

◆ 帮助家长制订每周及每月家庭计划。

◆ 告知家长如何参与学校教学方案。

◆ 使家长了解学校政策及惯例。

◆ 告知家长需要承担的责任，并向家长提供信息以便维护自身权利及孩子的权利。

◆ 提供交流的双向渠道，这样家长才会乐于和我们分享所有信息，从而促进教学。

与家长的具体交流方法

与家长交流的途径有很多。

打电话——有可能的话做个记录。倘若时间有限，向家长善言相告。可以这样开始对话："雅各比太太您好，我今天下午要和几位家长谈一谈……"或者"雅各比太太您好，我待会儿要参加一个会议（或约见一个学生），所以时间不多，现在想和您简单谈一谈……"

写平信——在当今的电子时代，不要忽视手写卡片或记录所凸显的诚意。

家访——我强烈推荐家访。三十分钟的家庭走访，要比一个月的电子邮件或电话更有助于了解学生。当我们走进一个学生的家庭，就进入了家长的“地盘”，这个词算是对家庭的极大尊重。家长们会认真考虑你所传达的信息，并不会曲解你的意思。即使我们手底下有上百个学生，只要事出紧急，完全可以在下班之后顺路拜访学生的家。观察家庭中父母与子女的动态关系十分有启发作用。除了加深了解之外，家访能够避免孩子在老师和家长之间隐瞒真相。家长和老师之间互通良好，孩子就不可能再要什么把戏了。

发电子邮件——在开学之初就可以向有电子账户的父母索要电子邮箱地址，并在你的电子通讯录中为这些父母建立单独目录。现如今的许多家庭已经可以很方便地在工作或居家时通过电子邮件接收信息了。电子邮件还有另一个好处：永久存档谈话记录，方便在日后加以引用。可能的话，尽量不要删除家长或学生的来信。电子邮件的不足之处在于你无法看到谈话人传递信息时的身体语言和语调。人类需要这些辅助信息来更透彻理解对方试图表达的意思。没有了这些，我们有时就会混淆各种信号，以致理解错误，比如求证某事有可能被当作是批评。

大多学校过去都有一个传统，即开设行政部门负责纠正老师与家长沟通时的措辞。在如今高速发展的信息时代，这未免太过苛求。请求行政人员纠正老师小组的政策声明，设备物资申请表，大项目表单，校外实习注意事项，面向全体老师的官方信函，纪律处罚表以及其他重要文献便足够了，日常交流仍需要自己亲力亲为。

注意所写内容——下笔要简洁。完成之后复核一遍，以免被家长错误理解。毋庸讳言，这点不容易做到。实在不行的话可以请同事或行政人员帮忙校对。冷笑话、讽刺挖苦等在电子邮件里不吃香，要避免如此。

发传真——如今大多数学生父母所在的公司或家庭都有传真机。如果有人忘记在你旅行之日发送完整的野外考察表，这不失为一个便捷的方法。不过要小心，许多传真机位于公共场所，经过的任何人都有可能看到打印的内容。老师与家长之间的谈话内容大多都是隐私，传真机可能并不适于发送个人信息。

邀请家长参观教室——在我的教学生涯中，一直都在贯彻的一点就是邀请家长参观教室。家长虽然习惯参与幼儿园及小学课堂，对中学课堂仍有些许畏惧。无论家长何时想参与其中，你都要想尽办法邀请他们走进教室。至于当天应该怎么做其实无关紧要，因为你每天都应该向学生展示最好的状态，并非仅仅在家长参观的时候。在某种程度上来说，家长才是我们所提供服务的消费者，所以他们应该有权利在任何时候前来视察，哪怕没有事先约定。如果我们抵制这种访问，家长难免会疑心："我为什么不能参观？这位老师在隐藏什么？"

无论何时走进教室，家长看到的都有可能只是学生在进行考试，或者老老实实地坐着写作业，而并非热烈地讨论，不过这都无所谓。家长想看到的，只是教室洋溢着积极的氛围。邀请参观教室的家长再多也不为过，他们会随同参观体育比赛、礼拜堂、邮局以及杂货铺，并对你的高质量课程给出个人意见。这要比寄信来得更快。老师职业生涯中收到的大多数批评和指责，往往都来自从未涉足过教室的家长，他们给出的评价要么来自道听途说，要么根据孩子的添油加醋。你要提醒参加返校之夜的父母，旁人对老师和课堂的评价不可尽信，你当然也要权衡旁人对家长的评价。

发出这些邀请之后，安排妥当并通知家长参观教室。通知应包括家长如何在前厅登记并拿取访客通行证，如何找到相应教室，到达之后坐在何处，并尽量避免家长打扰课堂。如果合适的话，请家长参与授课。如果有家长打扰了课堂，或者在你安排教学计划时仍不回避，要向家长解释。父母通常都很开明，能够理解老师的难处，从而不再打扰。如果家长仍执意在场，你需要将问题移交所在行政部门，毕竟这已经是安全问题了。

发档案——可以的话，要求学生保留作业档案。将档案每学期向学生父母发送一次，并要求家长反馈。如果在档案中添加一些问题要求家长回答，会让家长省力不少。各学科的样本问题包括

◆ 您注意到孩子表现出什么新技能了吗？

◆ 哪个问题、任务、作品或艺术品展露出了孩子过人的思维能力？并请加以解释。

◆ 孩子的个性和兴趣如何体现在作业中？

◆ 哪一条看上去最学术，为什么？

◆ 哪一部分最让您惊讶，为什么？

◆ 孩子解释为何将这些条目保留在档案中时，您作何反应？

◆ 您觉得还有关于孩子××学科的哪一方面的优势没有体现出来？是什么呢？

◆ 看完孩子档案之后，您期望孩子在下学期达到什么目标？

成绩单和进度报告都应留有空白区域，可以在标准成绩之后填写反馈。我们可以利用这些空白区域写下对学生分数的意见，并解释评分依据。记住留有足够区域附加学生未完成的作业并提出建议，从而提高学生成绩。

有一点需要注意：评价时要计划妥当，尤其当学生分数较低之时，比如我们需要花大量时间在日常报告中做出非常详尽具体的评价，在期中阶段发给家长。开明的父母会立即与孩子讨论改善方法，从而在期末考试之前提高孩子成绩。最终报告中的建议根本派不上用场，届时家长也无从知晓孩子哪里出了问题，更没有时间予以纠正了。这就是形成性评价和总结性评价之间的区别所在：形成性评估的目的是促进教学指导，而总结性评价只是为了记录学生的学习情况。任何立志于教学的老师，都应该重视形成性评估以及与家长的早期交流。

想做到这一点，当然需要老师在评分时尽心尽力，从而做出精准的评价，并向家长告知孩子学习的进展。及时做好记录非常有利于家长与老师之间的交流。如果对做文书工作感到吃力，可以向同事讨教经验。

发表赞扬学生和学校的报纸社论或文章——学生若表现良好，老师应及时予以宣扬。内容应具体，并涉及学生展现出的高水平思维技能。此类信息很受大众包括商人喜爱，甚至可以刺激当地经济。房地产经纪人忙于接待争先恐后购买该地学区房的人们，各个企业宣传该学校时招聘了新的员工。作为额外好处，学生的学习成绩得到了公众的认可。

班级网站——如果你有多余的金钱和时间，可以成立一个班级网站。家长可以随时点击进入，从而了解最新动态。你可以在网站上安排学生工作，作业分配，电子词汇闪视卡片，教学计划，学科指导，表格下载，设备清单，评估准则，评分工作，志愿者竞选，居家辅助学科教学详述，特别提示等，并将网站链接到更多有用的相关网站。家长看到之后肯定会收藏。其实网站很易于维护，仅需每天抽出15～20分钟发布当天作业即可，其他一切无须操心。更新网站时可以设置自动通知家长，免除了家长每天登录网站查看是否有更新的麻烦。家长可以使用这些网站，并与孩子交流网站内容。

每学期时事通讯——在学期开始时向每个家庭发送一份班级时事通讯。内容包括每学期学习课题、专业写作、教学计划以及测试。还可以向家长提供建议，以便他们能够辅导孩子做作业，还可以提供通告和事件提示，并邀请家长参观课堂。若想大幅度增强效果，可以在其中对某些家长的志愿帮助或对班级物资的捐赠表示感谢，如果可能的话，还可以附寄学生作品或创作。

明信片——写一封长篇幅的信，或者发送一篇电子邮件可能都太耽误时间，更方便快捷的明信片才是首选。既然我们的目的是尽可能多地向家长传达信息，所有能提高效率的方法都是好方法。要求辅导处将每位学生家长的地址打印成标签，还可以将空白可粘贴的标签发给学生，要求他们将父母的姓名和地址写在标签上，之后上交。购买或申请足够的邮政明信片（预付当然很好，不过大多数中学都会报销老师与家长交流的邮资）。无论何时有了闲暇，立即记下有关学生作业、态度和进展的情况，贴上恰当的标签，然后放进邮箱。这种方法极为快捷，所产生的积极影响可以持续数月，甚至几年。

由于明信片内容公开可见，所以应仅限于提示、鼓励、肯定以及积极评价。通过明信片传达学生的不足或劣行是很不恰当的。

返校之夜——返校之夜是天赐良机，你可以趁此机会推销自己和所教学科。做好准备不要畏惧，要知道你自己不仅是学科专家，也是沟通专家，要力争应付自如。

如果你能准备一些传单，印有所有家长都觉得有益处的内容，比如课程总目标，评分标准，补交作业政策，日程安排，寻求课后帮助方法，学校联系电话，学生所需物资，志愿者机会，重要日期等，这实在是不二之选。有了这些传单之后，你大可不必挤时间逐一向家长解释了。

分发传单固然重要，让家长体验一下你的教学水平也决不容疏忽。每个家长都希望孩子的老师善于沟通，并对教学满怀激情。他们希望老师在课堂上光彩夺目，所教内容能让孩子受益匪浅。我曾向家长讲述如何在引文中添加逗号、分解多项式的各种方法、内战之后的重建时期以及大乌贼的神经元等等，家长非常欢迎。

倘若时间允许，向家长简单介绍一下自己的背景。注意强调自己在所教学科以及其他领域的兴趣和经历：曾任当地足球或游泳教练、会制作圣菲新鲜红番茄椒辣肉馅玉米卷饼，去年夏天曾和家人在约塞米蒂国家公园露营两周，阅读海底探险惊悚小说，等等。总之一定要让家长知道，孩子的老师为人积极、品行端正并甘于奉献。你的陈述中还可以包含以下话题：课程主题总结（附带获取详尽副本的参考），居家辅导孩子学习的方法清单，针对孩子的运动、适量饮食以及充足睡眠对学业成绩产生的积极影响所做出的评价。

切记要和同事及导师共同探讨返校之夜的演讲稿，他们会指出恰当以及不恰当之处。小组成员可以分别承担一个课题，比如一人负责学科讨论，一人负责学生安全，一人负责校外实习，一人负责家长志愿者事宜。邀请一位同事或行政人员校正传单内容，会给家长留下好印象。有些家长会因为传单上拼错的一个单词或放错位置的标点符号而质疑你的能力，甚至可能因此不再倾听你所说的任何内容。千万不要让他们的火眼金睛发现这种低级错误。

家长都希望自己的孩子成为教室的焦点并富有创造性，你可以在墙上展示学生的作业。还有要保持教室整洁，将教学材料摆放整齐：电脑软件、教材、成绩单或评估准则、教学案例、计算器、教具等，总之要突出新年新气象。

在返校之夜和家长的短暂交谈，其实主要是老师说给家长听。不过家长如果提出问题，要妥善应对。身为专业人才，你应该做到轻松回应家长的问询。有时不知道答案也在所难免，不必惊慌，要谨慎地向家长解释："您提的问题很好，我能力有限，还不知道答案，请容我回去做些研究，或者向同事请教，几天之后再回复您。"教师应该勇于承认自己的局限性，倘若强行回答不确定的问题，会显得自己是个新手。坦诚回应一句"我不知道"更能加深家长与老师之间的关系，相互信任至关重要。

如果争论已经存在，比如关于选用何种新教材或在考试时是否可以使用计算器，要和部门同事或行政人员提前沟通，从而准备好如何回应家长的问题。最终给出的答案应和同事及行政人员的回复保持一致。如果问题出在你尚未对某事形成看法的领域，做如下回应：

巴克斯特先生，我正在探索这本新教材提供的各种可能性，不教满几个学期我是不可能得出任何结论来的。但同时请您明白，这本教材并非课程的全部，它只是我作为一个老师向学生展示的各种资源之一。其余资源能够确保我选择最能引发学生兴趣且最利于学生成长的内容。我保留对此教材的任何评价，直到一月份。在此之前，欢迎您随时向我或行政部门提交书面意见。

家长将会尊重你的坦诚和个人观点，因为你所展现的是自己在争议话题上积极专业的一面。如果你和家长都发现某种教材系列或学区政策不适用于学生，你作为团队的一员以及实践专业人才，完全有权利表达自己的看法。你可以在校董事会上发言、向当地报社写信或向行政人员发送电子邮件表达自己的观点。老师站在教学第一线，观点理应得到重视。

人与人之间的交流并不容易，所以头脑要放聪明些，并接受一个事实：人们会很自然地把你看作没有经验的新手。你既然没有做艰苦的分析和思考，又怎么可能比那些熟知所有教材类型及学区政策的老教师懂得更多呢？

老实说，家长这么想不足为怪。身为一位新老师，你的视野可能并不开阔。最好的办法就是在职业生涯的前几年踏踏实实地观察研究，之后再发表与别人相左的观点。此外，无论大众接受不同观点的热情多么高涨，他们也决不喜欢争执或引起争执的人。你的观点可能在行政部门或同事之间引发骚动，所以要做好被否定的准备，并虚心接受旁人愤怒的回应。刚刚走上讲台的老师脸皮还没有这么厚，所以不要过早毁了自己的前程。

执掌教鞭的第一年要尽心尽力，切勿做出令人反胃的事情，比如引发当前的教育论战。年轻老师需要做的是韬光养晦。按照部门同事或决策者的想法行事，课堂实践如果难以捉摸且致使你陷入困境，要及时做出些许改变。无论做什么，都要表现出对那些决定教材选择和政策导向之人的充分尊重。告知家长他们做出决策有多么困难。这些步骤定能引起所有利益相关者的响应。即使身处争论之中，如果能够看到持相反意见之人的善意，你也能表现得体，提出的变革提议也能得到更多的支持。

然而返校之夜并非进行教育辩论的战场。如果你的陈述受家长的打断并影响，要及时告知此点：“不可否认这个问题对班集体很重要，但此问题不在今晚陈述范围之内。”邀请家长安排与你或行政人员会面，以便日后讨论这个问题。这个方法对那些关心孩子问题的家长同样很重要。返校之夜并不适于讨论这些话题。邀请家长安排与你或小组（强烈推荐）会谈，并向家长提供学校联系电话。倘若感到时机成熟，通知家长并进行陈述，以便处理家长质询。

如何应对难相处的家长

要学会从家长的角度看问题。养育孩子没有规章可循，许多家长是第一次面对这种问题，有时会有些措手不及。短短一周时间，家长有时担忧、有时自豪、有时困惑、有时振作、有时恼火……巴不得自己的孩子一夜之间长大成人。老师入行多年，自然知道该如何要求学生，但家长却无从得知。所以家长误解了某事或情绪过于激动时，老师应该予以理解。很多时候我们该做的，是向家长传授我们在备课及教学经历中总结出的智慧。

全国委员会资深老师贝斯提出了如下建议：

安排会谈。事先想好对每位家长强调的重点。开场要先讲孩子取得的进步，这点无论多难发现，务必要做到。没有哪位家长只想听到有关孩子的负面评价。我这么说是因为我也为人父母。之后再讨论可改善之处，并要求家长配合，共同促进孩子进步。诚然，老师作为教育者，在教室里有绝对威信，然而家长却可以提供丰富的信息，并帮助老师取得既定目标。

虽然老师有良好的出发点和远大的抱负，家长在某些时候却可能对老师的某个举动非常恼火，这不免令人沮丧。如果这种事情发生在入职的前两年，千万不要因此失去信心，更不可丧失对教学、学生以及其父母的热情。与之相反，我们应该听取有经验的同事的建议，稍微自我反省一下，然后妥善应对。

当一位家长怒气冲冲地打来电话或前来质询，我们可以做到如下三点以满足家长的需求并予以宽慰。第一，认真倾听家长谈话，让他们知道我们明白他们所要表达的意思。这并不是说想办法在家长说话时加以反驳，而是迅速记住家长说的所有话，之后加以总结，并要求家长详细说明。当我们向家长证明了我们已经听懂了他们的意思后，就该考虑如何回应了。处理家长与老师之间的关系时，最高明的手段莫过于倾听。

第二，让家长看到我们非常了解他们的孩子。倘若我手底下有150名学生，并且我能清楚说明每位学生的优势和有待提高之处，便足以说明我尊重每位学生及其家庭，并且关心学生的进步。除此以外，这还能表明我很重视家长的愤怒，并未掉以轻心。我们可以这样向家长表达自己的意见：

以下是我对蒙特的认识：他虽然有时需要多点时间读完文章，却能牢牢记住读过的内容。蒙特在表达观点时通常爱讲出来，而不是写下来。他的词汇量很大，超过了这个年龄段孩子的平均水平。此外，当老师明确指出作业要求时，他的成绩很高。他只是在试图将自己之前写的东西与课堂设定的优秀标准相比较。我还知道，当您和爱人为了维持生计双双加夜班时，蒙特会照顾妹妹的饮食，讲故事给她听，并哄她睡觉，总之一切都是蒙特的功劳。他是巴尔的摩金莺队的球迷，此处是他五年内就读的第三所学校了。说过了他的成绩和个人背景，我打算对他提出如下要求……这些期望符合您对蒙特定下的目标吗？

在对学生提出要求时，为自己加以佐证是个不错的选择。聪明的老师手头会备有学生的作业样本，之前与家长交流的副本（临时报告）以及评估分数。这种类似临床诊断的方法有助于每个人都能关注学生水平的提高。坦诚讨论各种策略，在情感上是安全的。

第三，让家长看到我们非常关爱他们的孩子，决不会辜负家长的期望。这是一个表达我们正在激发孩子潜能的良机。我们的意见可以采用如下口吻：

我非常欣赏蒙特在课堂上的表现。他总能活跃气氛，我们都指望他想出思考问题的不同方式。虽然近几次考试发挥得不尽如人意，但他之前的功课做得非常好，并且见解独到，这点应该坚持。当传统课堂作业无法让他尽情表达自己对所学内容的掌握程度时，我会向他提供其他的展现方式，如与必胜客经理现场面谈，而不是像其他学生那样做几张海报。关键在于寻求正确的方法帮助他学到更多知识。现在，为了让他取得更大成绩，我决定……

如果孩子家长相信我们在做决定时充分考虑到了孩子的兴趣，便会考虑卸下防备之心。做到这一点的关键在于事先准备充分——事先与家长沟通，并加深相互之间的了解。家长就像学生，只要我们完全了解后，便不会引发不快。

还有一点也很重要，当你犯了某个错误时，要立即告知家长。首先表达自己的歉意，之后实施计划保证这种错误不再出现，如果适当的话还要向学生做出一定赔偿。如果犯错之后没有立即联系家长，给人的感觉就像是在刻意隐瞒什么。这会疏远家长与你之间的关系，你对所讨论问题的描述也将无人爱听。如果学生知道了你犯的错误，极有可能会告诉父母，所以你应该第一时间告知家长，这总好过孩子的添油加醋。让教师承认错误并真诚道歉并不容易，但做到这点恰恰体现了老师的修养，并会加深你与学生及其家长之间的关系。承认错误并加以改正，给足了家长面子，也有利于自己的职业发展。

有些中学老师从不与家长进行单独会谈。他们总会委派他人平息争端，并在必要时使用第二手资料。这种方式虽然保险，却并不尽如人意。时常会有家长不出席会谈，谈话也就不会太过热火朝天。

与家长单独见面完全没问题，只需备好讨论内容的书面记录，并要求家长签字同意你所列的总结。

倘若家长对你表现出一丁点儿的不理智或反驳倾向，立即停止会谈。你没有任何义务承受语言或身体伤害。及时向家长解释，他们再继续这样讲下去只能终止会谈。如果家长不听劝告，通知他们离开，重新安排下次会谈时将有行政人员在场。之后送家长离开，如果遭到拒绝，可以请行政人员或安保人员陪同家长离开。

近些年来我阅读的许多研究结果，都证明了家长参与和学生成绩之间的正比例关系。家长积极参与的中学取得的成绩惊人，这其中包括标准化考试的分数大大提高。

邀请家长走进教室，虽然这有可能导致你的关注点增多，并且要更注重自己的言行以及与学生的关系，但是监督对老师有利无害，还能提高学生的学习效率。这样一来，家长可以和孩子在家里讨论一个共同话题，并在孩子描述课堂所发生之事时，想象孩子与老师相处的情景。这可以在班集体之外证明老师的教学质量。

倘若邀请家长参与课堂，他们有时可以提供有价值的观点和帮助。我们绝不能低估老师与家长共同站在讲台时对学生产生的威慑力。

志愿者家长参与中学课堂时可以承担多种任务，包括：

◆ 记录（确保内容不涉及学生的任何私人学业成绩）。

◆ 创造，建立并维护公告牌，教室内部图书馆，供应中心，网站以及学生作业展示区域。

◆ 准备文件复印、材料供应、实验安排、项目安排、校对以及其他任务，为特定课题做好准备。

◆ 承担恢复性任务，比如清理修复或归还设备、整理文件以及修补书籍。

◆ 提供教学协助，比如共同出席授课、充当示范对象、主持写作讨论会、监督学生朗读或与学生个人或小组共同研究某特定技能。

◆ 传授特殊知识或技能，比如模仿某历史事件的亲身经历，科学概念，写作类型或数学应用。

◆ 协调或帮助某具体事件，比如校外实习或班级庆祝活动。

◆ 向老师提供反馈，比如记录男女学生相互交流的数量和类型，从而评估教学实践中的性别平等。

关心家长的选择

让孩子独立自主

中学老师在入职前两年，很可能会遇到在某些方面成绩糟糕的学生，当问及家长时，回答却是他家今年在施行放手政策——让他们的孩子独立自主。在这些家长看来，孩子已经是中学生了，应该承担自己所做决定的后果。你一定要劝说这些家长改变这种想法。

事实上，学生们在中学阶段需要的，恰恰是家长更加积极地参与，而绝不是置之不理。继0～2岁之后，中学阶段是孩子第二个快速成长的阶段，并能对其产生深远影响。孩子蹒跚学步时，家长从旁指导，丝毫不敢懈怠，没有理由在孩子的学生们时期不去培养他的性格和能力。学生需要在日常生活中得到明确地指导和示范；另外，这些中学生也有必要知道，家长的当面指导效率最高。

上学期间休假

老师需要注意的另一方面，是家长可能会在学校非放假期间决定全家休假，比如说，可能会有家长这么对老师说：“我们知道周五没有课，所以想代迈克尔把其余四天的假也请下来，这样就能在迪士尼好好玩了。您肯定会同意的吧？我们每年这个时候都会休假，好能够调整一下状态。”

闻听此言，我们开始变得紧张沉重，甚至有些不快：“这个……现在正是关键时期，六周课程即将结束，我们要在本周做口头陈述，我还要给他们打分。”

父母回应道：“这个好办，让他放学之后多留一会儿，把课补上就是了。”

无论怎么样，老师都不能阻止家长这样做，更不能因此惩罚学生。此时应该想出一个可行的办法。然而老师听到家长这种要求，难免心里恼火，却还是应该笑着回答“当然没问题，祝您玩得愉快。”

在教学期间请假，也许会有非常正当的理由，比如家中有人故去，要去南极洲做科学考察或者建一所仁爱家园。对于这些老师都会理解，不会引发争执，因为这些休假情有可原——吊唁安慰、科学奉献、为他人服务。学生在这些经历中学到的，会比在教室学到的多得多。

真正让中学老师恼火的，是那些娱乐休假。理由千奇百怪：家里有亲戚来访，父母出差想带全家休两周假，因为这是家庭传统，妈妈搞到了折扣旅游和住宿优惠券，他们的家乡此刻正是夏天，所以他们想十二月份出发，二月份再回来……还有一种情况更令人恼火：父母都外出休假，孩子要留在家中陪伴弟弟、妹妹。最常见的情况是，家长带孩子去购物，美其名曰休心理健康假。

通常家长会通知老师将需要做的作业发给孩子，这样可以在休假时完成，从而跟上课程进度。作为老师，我们对此要求有两点担忧：第一，孩子正在休假，学习效率肯定不及课堂；第二，如果发送作业让孩子完成就能够跟上课程进度的话，会显得学校教育无足轻重。老师要在教室直接指导学生，又如何将经验打包给休假的学生独立完成呢？

有些家长问道，是否可以让孩子多补几天的课，这样在休假回来后还可以跟上进度。倘若给这个学生单独开上一个小时的小灶，又如何讲述苏格拉底关于民权的辩论？如何探讨《晚安汤姆》？如何查看心率监测器结果？如何演示燃料由于内部气压减小而变形？此外，老师耽误这些时间后，还哪里有力气辅导差生、批改试卷、备课、给家长打电话、在专业委员会任职或者发起社团活动？所有这些事情都推到了晚上，老师不得不加班到深夜，与家人相处的时间不免因此减少。学习时间休假，不仅会打乱学生的学习计划，还有害老师行使专业职责和个人职责。

虽然说了这么多，我们也明白，总有一天我们自己也会前往迪士尼或做出类似举动，但学习是学生的天职，切不可随便应付。既然老师可以每天风雨无阻地站在学生面前，家长也应该将孩子上课作为头等大事。

那么，我们该如何处理这些休假请求呢？首先，我们可以先行一步，鼓励家长不要选择上课期间休假。其次，我们可以圆滑一些，告诉家长如果学生休假，老师做的直接指导是没有办法补上的，这样会影响孩子成绩。最后，我们可以放松微笑，并在短时间内展现自己的风度。从长远来看，学生休假也许并无大碍。许多课程之后还会涉及，学生还能再次巩固。如果不是这样，试着给学生发送一些作业，总好过无所作为。学生休假归来后，老师应该抽出一天时间联系学生，并补习落下的课程。

无论老师采取何种手段加深与家长的关系，都能够促进教学能力。老师应该努力巩固这种关系，而不是只停留在想象的层面。21世纪的中学老师应当寻求变革，以得到家长的拥护。各种各样的定期交流非常关键。中小学生和老师都需要与家长在各种场合多交流，这是善意的举动。倘若老师能够每天邀请家长走进教室，便能建立稳固持久的家长、老师与学生之间的关系。

第 6 章

处理迟到缺勤和评分册的好建议

在一季度当中，选择一到两次对成绩单进行影印，并将复印件留存一份在家中。原件可能会丢失，被盗或受损。如果发生这种情况，你将会感激你在家里有一个备份。

有一个故事讲一人申请进入某著名的研究生院读书，当招生院院长问他的大学毕业成绩是否位于同学中的前百分之五十时，他自豪地回答道："先生，正是因为有我垫底他们才有机会成为前百分之五十！"

——朱利斯·科恩

几年前，附近的一所学校因为火灾被夷为平地。虽然没有人员受伤，但每个人都因为火灾受到了巨大的损失。几位老师尤其感到烦恼。他们将评分手册落在了教学楼内。在接下来的一周后他们便需要上交评分报告卡，他们怎么能在剩下的时间内重新完成季度评分呢？尽管大多数老师不会碰到这一情形，但是现在这一事件让我们成为热锅上的蚂蚁，同事们都像保护圣杯一样保护评分手册，即使有的课程不需要对试卷进行评分，我的几名同事仍旧每晚将评分册带回家。

分数是全能的宝藏，对不对？到现在为止，你的大多跟分数相关的经历都是自己参加考试以得到分数。今天，你将开始给别人评分，你开始挥舞着评分这一权杖！等等，不对！不是老师给学生分数，应当说学生努力赢取自己的分数，这其中的差别可不小。请把自己看作是学生成功的基石，把成绩提供给学生，把分数作为对学生学习状态的一种反馈。一方面，你是年级成绩簿中记录成绩的守门员；另一个方面你的决定反映了学生对社会期望的达成度以及对知识的掌握程度。在你给学生的作业进行评分时，你所恪守的标准可以确保学生和社会健康的未来。如果接受这一愿景，那么你就不会对学生们就0.5分的成绩过于计较而得评分精神衰弱症了。

分数是学校文化的一部分。专业的中学教育工作者对分数也很重视。然而，教育的第一中心是教学。在教学的同时，我们应当理性地看待分数。

有些老师在纸质评分册上记录分数的同时，也在电脑上利用电子评分册来记录学生成绩。如果你的计算机偶尔会死机，或你喜欢有一个便携式评分册来记录学生的成绩，可以做一个备用的评分册。

虽然我们对分数头疼不已，但是记录学生的成绩是中学老师工作中很重要的一项工作。必须要小心谨慎。我们中有些老师陷入了总是用分数来评价学生的怪圈。学生提交的作业实际上反映了学生对于各个学科的综合应用能力，然而最终代表这一切的就只是几个数字，显失公平。我也曾经有过在季度中期大量对学生进行评分的时候，但我觉得我们所做的只不过是死记硬背的数字游戏，并没有对知识的掌握程度进行深入的分析。

评分册的设置

不同的老师会用不同的方式来安排自己的评分手册，但许多的评分册模型却因为种种原因而经久不衰，被老师广泛采用。

在这一模型当中，评分册分为几个部分，以分别记录测试、报告、作业和其他方面的学生成绩。学生最终的成绩是将各个类别的成绩除以分类数，乘以其权重，最终取平均分。我们判断一位学生是否掌握知识内容应当以平均分来看更为重要。

表6-1　依照权重或类别来进行分组的评分册样本

	报　告			测　验		作　业			
	能量和物质问题	双重灯光试验说明	视频摘要	元素周期表测验	酸碱度测验	词汇练习	P_{23}页的问题	平均分	等级
巴拉德、鲍勃									
卡森、雷切尔									
瑞德、萨里									
萨根、卡尔									

表6-2 依照日期进行序列安排

	能量和物质问题 9/25	双重灯光试验说明9/27	视频摘要10/5	元素周期表测验10/6	酸碱度测验10/20	词汇练习10/24	P_{23}页的问题10/22	平均分	等级
巴拉德、鲍勃									
卡森、雷切尔									
瑞德、萨里									
萨根、卡尔									

表6-3 依照学习目标，标准或基准来排序

标 准	分 析		综 合		预 测			
	能量考试	P_{23}页的问题	词汇测验	测试元素周期表	碱度测试	海森堡原理测验		
	能量和物质问题	灯光试验的双重性说明	金属视频概要	离子漫画	实验室惰性气体活动的双重性质	灯光实验室说明	平均分	等级
巴拉德、鲍勃								
卡森、雷切尔								
瑞德、萨里								
萨根、卡尔								

表6–2：依照日期进行排序，此模式适合希望对学生总的学习进展有着清晰把握的老师。这一模型由于可以清晰地展示学生成绩的提高，对于早期工作任务的检验尤为有效。这也可以展示出学生的学习生活与成绩之间关联的情况，如家长希望了解学生表现时，你可以采用这一模型来清晰对其讲解其孩子的表现跟成绩。

如果你关注的重点在于学习目标的标准，或教育部门制定的标准，那么模型3适合你。将上述标准或目标放在栏的最上端，然后在下面列出各任务。在最短的时间内，你就可以了解到学生的成绩是否已达到学区的学习标准。这种模式的一个突出的问题在于，许多复杂的任务牵扯到一项以上的标准。这没关系，把这一任务记录在评分册需要的地方就可以了。

下面是建立快捷高效评分册的一些其他建议。

◆ 如果你有足够的页面，每隔一行写上学生姓名。这样，你就可以翻回去，顺利地对成绩进行修改。当学生们需要进行两次测试或弥补错过的作业或任务时你便需要经常对其成绩进行修改。

◆ 在每门课程记录表的第一页下面进行备注，或将备注订到内页上。备注信息应当可以解释你评分的方法。如果在暑假期间学生家长对你的教学水平提出质疑，管理者就可以在查询成绩之前先了解你的评分手册，然后向学生家长进行解释。

一季度当中，事情总是会发生变化，于是我将解释附在我季度评分手册后面，而非是前面。

◆ **在一季度当中，选择1～2次对你的学生成绩单进行影印，并将复印件留存一份在家中。**原件可能会丢失，被盗或受损。如果发生这种情况，你将会感激你在家里有一个影印版备份！如果你在电脑上使用电子评分册，就应每隔几个星期对其进行打印后备份。乔安妮老师介绍了这么做的一个额外的好处：“我告诉我的学生，在看到登记正确的自己的成绩单打印版之前（大约每2～3个星期），请不要丢掉自己的作业。我也会犯错，他们可以用自己的作业向我证明，我登记错了。我很高兴对其加以更正，学生们对作业的积极性提高了。”

同情分应该算入成绩吗

如果一个学生连续三个星期每天都不知疲倦地钻研一个项目，而项目评分栏中只得了个D+，那么作为评估人会很为难，因为如实评分会让所有人大失所望——学生自己、学生父母还有我们老师自己。因此我们打分时就会停下来思考片刻，考虑到学生平日的勤恳努力，我们的决定就动摇了，把评分改成了C。我们每个人都不止一次这么做过。然而长远来看，我们当初改变评分恰恰害了学生。将同情心纳入最终的成绩评估对学生有很大负面影响，七年的教师生涯才让我明白这么做只会背离初衷并让学生陷入不利境地，我希望你不要费那么大周折来明白这个道理。

分数表明学生对知识和技能的掌握水平，仅此而已。托尼可能非常精通、比较精通、不甚精通或者丝毫不懂如何分解函数。测试他的最终掌握情况时，我们全然不用考虑他为了完成课本中九页内容而付出的努力，不用考虑他创建社交网站所消耗的时间，不考虑他帮助同伴花费的时间或者课下所下的工夫。测试底线是此时此刻他会不会分解函数。分数是对他的能力如实的汇报。作为家长，这正是我期望自己的孩子能得到的反馈方式。如果分数不能衡量孩子的知识和能力，那么做家长和老师的我们怎能为学生的下一步发展做出指导性的决定？我们不能。

我们给学生编造分数会让学生以为如果他努力学习了，即便没达成既定目标，他仍然能够实现人生目标。如此一来，这样的分数就误导了他。如果他将来在工作岗位上一事无成，却在汇报工作时念叨的是自己付出的努力，那么他会被炒的。如同一个管道工上门修下水道，修得很卖力但最终没有修好，我们是不会付他工钱的，甚至我们连雇都不雇这样的管道工。

将努力程度计入成绩考量固然重要，但是如此一来，我们如何调和这种重要性与纯粹分数之间的分歧呢？一种方式是两者分别汇报。对于每一科目，对最终成果打个分，对努力程度如作业完成情况，作业提交及时度，有无学习日志，论文标题规范度以及与他人的合作情况等打个分。这可能会出现一些有趣的情况。大多数情况下努力与高分有着直接联系，但有时候却没有，比如一个学生英语最终得分是A，而平时努力（表现）只得了D，那么这说明课程考核过于简单，可能需要一个高级的考核方式。如果一个学生考试和课程项目得分很高，而平时作业都不做，这种情况也会产生如上分歧。某个学生的知识掌握可能只能打C，但如果我很重视学生表现（作业完成情况），那么最终打分就不能准确衡量其知识掌握情况。如果作业没有深化学生对知识的理解或者帮助他学习，那么做作业就是浪费时间，这个作业就不该布置。让他做毫无益处的作业就是对他的惩罚，毫无教导意义；另一方面，如果一个学生最终得分为D，而表现分得了A，那么这其中肯定有问题。他学习很刻苦，却对课程知识一窍不通，这是个危险信号，需要进一步诊断他哪里出了问题，并且需要调整教育方式。无论怎样，在评估成绩时，都应将努力程度与成绩分别看待。

如果想将努力程度评估纳入最终成绩评分，最明智的做法是将不超过总成绩百分之十的努力程度评分纳入总成绩。这在想将二者都纳入评分考虑的老师和家长看来是不错的折中方式。超过百分之十就会导致成绩不真实，不能准确衡量学生的知识掌握情况。

记录学生具体掌握情况

有时候我们想评估和记录每个学生的特定技能或知识，以供后续分析。这种情况下为每个学生提供一个多模型文件夹也是明智之举。我在每年之初都建立这样的文件夹，并添加了必备的空白表格。这就充分利用了准备时间。表5-4是我所建立的模型在英语课堂上的应用实例。

我们教什么不重要。我们的目的是找到评估特定知识点的评分模型，原有的常规成绩册不适用于对特定知识和技能的评估。

让学生参与记录工作

这里有个省时的妙方：在你班上，学生是不是承担着某些记录的重任？他们有能力做到，并会诚实去做，而且这也能教会他们责任担当和做事技巧，比如我们可以让他们记录私密成绩单上的分数，

表6-4 特定技能模型

写作部分	观点和内容	语篇组织	语　态	惯　例	措　词	句式流畅度	得　分
阅读自传							
自创诗篇							
个人叙述							
论文： 一代人的挑战							
总分：							
分值：							

5=已超越优异标准要求
4=已达到优异的标准
3=在某些方面未达到优异的标准
2=距离优异有较大差距
1=未达到标准
0=不得分

免得他们会问："我这门课表现如何？"每次将打分的试卷返还给学生时，我们可以多花一分钟让学生在成绩表上记下自己的分数。学生也可以标记他们上交的试卷，以便我们在收上来的一大摞试卷中直观看到每个学生的试卷。他们也可以数作业次数，列清单，记录学生姓名，建立特定执勤表，整理文档或者读书报告数据库，在量表上给口头报告打分（以提升我们的评价）、对学生作品进行批评，完善订单表格及设备需求以备我们签字，记录他们的迟到情况，在我们提供的正规表格上记录他们不做作业的原因并写下他们父母的电话号码，维护教室日历，日程表以及执勤表等。如果我们包揽了所有事，那就无助于他们的成长。当然，我们要监督他们表现如何，但让学生自己做一些记录工作确实能提高做事效率。

注意，我刚才没有说让学生给其他同学批改作业，因为这是老师的职责之一，并且这项敏感的工作非得由老师做不可。我们需要对所有学生包括得高分的学生保持敏感。不是每个学生都乐意同处一室的任何人知道他的分数，更不用说被整个班级的人知道了。我们不能让学生在班上念出自己的分数，也不该按照分数高低下发试卷，比如得A的先发，其次得B的，依此类推，因为这只不过是换个方式将学生得分公之于众罢了，也会变相让学生感到羞辱。这么做的危害是会打破学生用好几个月才建立起来的自尊心，甚至毁坏学生数年积累的荣誉，使其几年来所付出的努力和所获得的成果都失去价值。这种影响不容小觑。而那些认为这种方式可以督促学生更努力学习的人肯定忽略了学生们发育时期的特点，这种做法不顾后果，且不是老师该有的职业行为。即使是在对成人开展的职业发展课堂上，教授公开宣布学生成绩也是不可原谅的。这种伤害和羞辱绝不该出现在好的课堂上。

如果你想告知全校一件事，那么弯下腰跟几个人讲并让他们保密就可以了，保证这个消息会不胫而走。这是人类共同的特点，而中学生也是正在成长的人类，他们不会时时严格控制住自己的冲动。如果班上一个同学给吉吉的历史试卷打了分，任何人只要想知道他的成绩都会知道的，全然不顾吉吉的隐私权。保护学生学习过程中每一阶段的隐私纯粹是出于善意。保护学生的隐私包括要确保学生家长只能看到成绩单上自己孩子的成绩。如果你在成绩单上记录学生的成绩时，该生家长在引颈启踵地看，那就告诉他别急，你会给他一份复印件。与此同时，遮盖住其他学生的成绩。保护学生成绩的隐私，虽然这么做会稍有不便，但这是出于好意。

当然，除了保护学生的隐私权以外，批改作业也会帮助你了解学生对知识的掌握情况。我们认为打分以及分析学生的作业错误会丰富次日的教学内容。如果学生作业是由别人批改的，老师只是搭眼看一下学生的知识掌握情况，那么接下来的教学就不会那么有效率了。我这么说，你可能会认为我从不允许别人给我的学生批卷，这么认为也不对。作业不太重要时，我会让班上同学或者陪读家长改作业以快速完成任务，这种情况通常三个月会有一次。我并不为此感到羞愧，这类事我会偶尔做一次，因为这样我就可以腾出时间与妻儿共度、吃顿好饭乃至给150个学生上好一节难懂的课程。我尽量避免这种情况的发生，但是有时还是做不到。有时因为要做其他事情，所以不得不拖一两个星期后才能返还学生作业。你要允许自己做一个常人。长远来看，你会成为更有益于学生的好老师。工作组织和整理文档固然重要，但是与学生共处，做到情感上关心学生，智力上引导学生则更为关键。

迟到与旷课

这个世界并不完美，比如糟糕的事情随时都会发生，我们的大脑会遗忘，学生会上课迟到。中学里学生上课迟到时有发生，因为中学生的独立性和责任意识还正处于养成阶段。初中阶段短短两三年，我们在这期间的大部分时间不单纯是传授知识，还要教学生如何管理自己。

教会学生守时的最好方式是建立合理的框架。首先，向你的同事或者你所在的校方了解一下他们认为上课迟到指的是什么：是上课铃响时人还在走廊里面，还在进门，刚坐下，还是已经坐好并拿出作业和书写文具准备好上课？无论是什么，一定要与同事达成一致，达成一致了我们就不会为这个问题屡屡头疼了，也就不用靠布洛芬止疼了，这是好事一桩。要对学生尽量严格，但要以自己感觉舒适为度，一定要记住自己所说过的话，并记录学生的过错。因为对于绝大多数中学生来说，接受迟到必定受罚很容易，只要我们保持严格，他们会在年底前改正过来的。当学生迟到成为习惯时，我们就有必要采取行动了。老教师**洛克珊·罗丝建议在学生第一次迟到时，不要谴责学生应对此负责。**她说，如果上学途中出现迟到很可能是家长的失误。学生还不成熟，不该承担这种责任。“他到校了就很好”，她说：“一大早因为上学迟到而被训实在是很糟糕的，有可能会毁了学生的一天。”

一个很有效的策略就是准备一个签到本。可以把一个笔记本放在靠近教室门口的角落或钉在墙上，这样学生迟到时就不会因为要解释迟到原因或者找托词或者交假条而打断你讲课了。相反，他会径直走到签到本前写下自己的名字、迟到日期和时间、迟到了几分钟以及迟到原因。表格6–5是我在自己班里使用的签到本样本。为节省纸张起见，你可以在一张纸上做四个此类表格。这样我在课堂上的空闲时间里就可以过去看看迟到的同学写了什么，并给予适当回复。这个记录本就可作为观察学生习惯的文档。因为在课堂上我会相当及时地核实迟到学生的说法，所以至今学生都没有在签到本上撒谎或者胡言乱语，学生们都很认真对待此事。记录下迟到几分

表6–5　学生迟到记录的样表

迟到记录

姓名：________________

日期：________________

迟到时间：________________上午/下午

迟到分钟数：________________

迟到原因：

签名：

钟以及迟到原因并签上大名，这迫使学生为自己的行为负责。有的老师喜欢一个学生用一页，或者一个班用一个专门的地方，有的老师则不管是在什么课堂上都让学生在纸张空白处接着记录自己的迟到详情，迟到的学生按时间顺序上下排列，这样全班或者迟到的学生都可对其一览无余。无论你选择怎样的记录顺序，这些记录都成了家长会上不错的素材，让家长知道哪些学生一直在努力按时上课。对于长期迟到的学生，老师应当确保建立相应的惩罚体系。使学生迟到现象一发生就得到解决，如果你有这样的解决机制，那就不妨多花几分钟建立一个能记录学生迟到或缺勤的花名册，可以是成绩单中的一栏，或者将另一本成绩单拿来当出勤表用，或者用其他东西来充当。将出勤记录转化成成绩单中间的一栏就很容易看出学生的出勤情况，而且这么做也节约纸张。

重要的一点是，要时常点名！在任何时候，学校都应确切知道每个学生坐在哪个位置，而老师就是这一工作的执行官。一个学生缺勤，老师记他出勤，或者一个学生出勤了，老师却记他缺勤，无论是哪种情况都很尴尬。但是更重要的是，这涉及的是学生安全问题。一个学生可能是逃课或逃学，或者在浴室晕倒了，或者迫切需要帮助。如果我们点名，就会及时发现学生不在学校，就可以马上采取相应行动。这也表明我们对学生的关爱。想象一下，今天有个学生缺勤，我们却都没注意到——这说明了什么？说明这个学生被遗忘了。其实在说这一大通之前，我明确知道几乎每天都至少有一个学生的出勤情况我不甚清楚，也就是说，我记不起来有的学生到底来没来上课。一年365天天天都清楚150名学生的出勤情况的确不

表6–6　依照阶段记录学生迟到跟旷课的表格

迟到和缺勤	
第1节课	第5节课
第2节课	第6节课
第3节课	第7节课
第4节课	第8节课

容易，但重要的是我们要努力去做。

老师可以采用的另一种记录学生迟到跟旷课状况的方法就是创建一张可以记录学生迟到或旷课情况的表格（参照表6–6）。在一天教学结束后，你可以将自己记录的表格信息与学生所记录的信息进行比对，以确定最终的版本。如果存在不符你可以进行调查。此外，在走廊对学生进行点名是另一种进行记录的方法。有的学校利用专业的学生卡来进行点到。这一卡片上可以包括姓名、时间、日期、目的地。老师可以最终对卡片上的信息进行审核。

设置走廊通行证的另一方法是在一件特殊的物品上标记上你的姓名以及房间号。老师可以将这一物品放在教室的前面，学生在离开教室时可以拿取通行证，在返回教室时将这一通行证返回原处。在通行证有效的情形下，方可离开教室。这可以将离开房间的学生数目保持在1～2人，这取决于你所放在教室前面的物品数目。我曾利用过旧的登山鞋、书籍、装饰和飞盘、玩具鱼等物品作为走廊通行证。

尽力弥补因旷课所落下的课程

尽管老师尽全力使学生可以保持身体健康，确保大家都能参与到课堂教学当中，旷课的情况还是会不时发生。旷课总是让人烦恼的，我们需要付出额外的精力来帮助学生弥补其落下的功课，旷课学生的学习还会因此受到影响。对一些学生来说，旷课是一种慢性的问题，使精密的课程安排变得徒劳。给他们补课仿佛就像是人类试图通过拍动手臂来飞翔一般困难，或许放弃他们才是更好的选择。

一些老师要求缺课的学生自己来弥补落下的知识。如果他们真的理解青春期学生们的本质，他们应当看到中学生因其心智发展的不成熟并不能够自己弥补落下的课程。学生没有这么做的足够动力。我们不能对丹尼这么说："丹尼，你旷课了三天。你可以弥补落下的功课或选择不及格。"丹尼可能会渴望来弥补这些任务，但他不知道自己应当怎么做。作为一位中学老师，这是我们应当教给学生的一项技能。当丹尼因为旷课，学习成绩不佳或因惩罚性措施而学习差时，我们不能仅仅说一句："我早告诉你了"，来解决这一问题。如果我们致力于学生在学业上的成功，就需要给他们成功所需的各种工具。就这一问题你可以寻求同事的帮助。以下为优秀教师给我们的一些建议。

确保每名学生在每个课堂当中都有两名作业伙伴。作业伙伴是一个很古老的说法，但这一做法一直以来都十分有效。当学生旷课时，可以通过给他们的作业伙伴打电话以了解当天课堂的信息。每名学生在入学的第一周可以得到两名伙伴的姓名、电话或电子邮件地址。我们之所以选择两名作业伙伴是因为即使一位伙伴也没来，另一位学生依旧可以告知当天的教学情况。

网上信息服务

老师可以通过许多高质量的免费网站来发布作业任务、作业反馈、给家长的建议、学习策略或其他有助于学生学习的信息。旷课的学生也可以获得这些信息。老师为学生提供这一服务的优势在于，学生可以随时随地登陆网站获取信息。家长也可以从家里或工作场所来登陆网站，以了解孩子学习的现状及进展。如果有的家长没条件上网，他们可以每周一次到图书馆或社区中心来查看孩子学习的情况。数年前我开始使用这一信息以来，学生的作业完成程度有了显著的提高。这一做法额外的好处在于当家长更了解课堂状况时，对于教学也会更加支持。

课堂作业万事通

选择一位学生来对每天的作业安排进行记录，以专门负责告诉因故不能获悉作业的学生。他们同样可以给他人解释课程内容，及回答关于课程的任何问题。学生可以轮流担任这一职责。

电话及电子邮件日志

以企业界的眼光而言，下属人数有着150人以上的话，我们也算是首席执行官或高级管理人员了。中学老师这一工作在承受高压的同时，更需要极高的责任感。正如企业的CEO一般，为达成我们的目标，需要随时沟通。

在现今的世界中，电话及电子邮件是沟通的捷径。在我二十多年的教学生涯中，习惯于逐次记录每次与我沟通的家长姓名、电话号码或电子邮件地址、学生、日期、时间以及事件的简要记录。你可以轻易地在一张纸中容下4～5次的沟通记录。在过去的数年中，这一信息成为了家长会、学习规划会议、学生评估及教学中我所用到的无价的资源。

掌上电脑和智能手机

在一些教室里，粉笔跟黑板已经被掌上电脑及智能手机所取代。在过去的几年中，越来越多的学生开始使用这些设备来辅助自己的学习。虽然有玩具之嫌，但大多数学生都将其看作是十分重要的时间与任务管理工具。其最常见的用途是作为电子作业记录本，用于记录作业期限和提醒信息。如果这些设备正逐渐在你所在的班级变得越来越流行，作为老师，我们应当明智地顺应潮流，想办法把电子设备和教学较好地结合起来。

智能手机技术目前正在以惊人的速度发展。很快，许多学生将会通过智能手机来进行作业的提交，他们会期望老师以同样的方式对其作业进行反馈。这一技术所带来的优势在于学生可以将作业安排及个人分数报告上传到智能手机上，同时智能手机可以用于收集信息，回放叙事分析短片，访问百科全书，访问互联网，并协助有学习障碍的学生进行学习。这是科技对学生成功正面影响的又一案例。

第 7 章

留家庭作业及为作业打分的好建议

有时候，真正最具创造性的作业是学生们自己设计的。在上完一节课后问一下你的学生，他们怎样才可以清楚理解教学材料?你从学生那里将会获得许多有建设性的意见。

在我所任教的中学，有一项受到学生喜爱的措施就是其可以选择适合自己的作业。这一习惯最初始于一个七年级的班级。当时这个班上学习成绩十分优秀的学生被允许选择更加适合自己的作业，以促进学习积极性。这类作业相较常规的作业难度更高，更具有挑战性，相应的更具创造性与娱乐性。部分作业涉及互联网，还有一些可能会要求学生表达自己的想法和看法。我们发现学生喜爱这样的作业，当学生对课堂的期望变高时，合作的欲望也随之提升。

——安妮，优秀中学教师

在那个潮湿、气候炎热的周三，距离下课还有十分钟，薪水以及责任感都要求你熬过这最后的十分钟。于是，你开始布置当晚学生们的作业。

“好的，听好了，今晚你需要给出二十个单词的定义并完成三周之前我所布置的作业。这些作业需要明天之前上交，上交之前自己检查一下。不要忘记明天的测试，为帮助你们好好地准备测试，今天要复习课本78～85页的试题。这可以很好地帮助你们对今天以及本周的学习进行回顾。请确保认真地完成作业，我会检查大家的作业。”

如果你可以读懂学生内心的话，你会发现他们每个人都很沮丧。你在布置作业时已经开启了传统的自动布置作业模式，因此你看不到将来你所需要批改的作业量。作为一位老师，布置跟批改作业是我们应该做的，不是吗？我们本来周末就没有其他的事情。但事实却是，批改如此多作业的恐惧将会渐渐熄灭你对教学的热情，不满的情绪将会弥漫之后的教学生涯。其实，你不必这么做。作业是中学教育中最令人兴奋和可更新的内容，我们必须聪明地对待作业的结构、任务和评估方式。

留作业的目的

老师布置作业最主要的目的在于使学生对所学的知识加以熟悉。熟练地掌握知识需要学生不断地练习，而作业正是学生的一种练习方式。我们布置作业是为了充分延长学生们在课堂以外的学习时间，这是将我们所教授的信息从短期存储变为长期记忆的一种好方法。如果学生在当天没有百分之百掌握理应掌握的知识，当晚老师最好不要布置作业或适当对作业进行调整。通过一知半解的方式习得知识这个习惯一旦形成，便很难得到纠正。不要担心作业少会使你看起来不够严格。作为老师，我们应当着眼于学生学业的成功，而非是我们自己的得失。

只留学生们应当做的作业

如果我们希望得知自己的学生是否有宗教信仰，只需要在重要的作业上交日期或天气预报报有大雪时，听听学生们的心声就够了。下雪了明天还要上课吗？学生们内心祈祷道：上帝啊，明天千万千万千万不要上课。你显然不愿意这样，合理安排作业的方法有很多。首先，学生精力有限，不要安排太多的作业。如果学生可以通过做十道练习而非三十道练习就可以加强其对于某一知识的掌握，布置十道练习题就好了。当作业量太大时，学生与老师都会成为过多作业的受害者。如果作业量不多的话，老师跟学生都可以更加轻松地来解决作业，完成跟批改作业都变得轻松了许多。

另一减少作业量的方法就是减轻书面作业。正如谚语说的：长文章中都有很多废话。真是很精辟。写出一篇一百字的短文比写四百字的短文更有难度。在较短的文章中，每一个单词都有它独特的意义，任何一个单词都是有用的。在四百字的文章中，很多人开始通过灌水来达标。大多数中学生都可以通过一张纸来表达他们对于事物的清晰认识。因此我们没必要要求他们准备四页纸的内容。这对于老师同样也是有益的，相对于批改一堆四张纸的作业，你现在只需要完成原先四分之一的工作量。今年，通过采纳这一措施，我只需要阅读一百五十张作业，而不是批改六百张。而这仅仅是一次作业所可以节省的工作量。

老师及时返还已经批改的作业意味着学生可以更快地获得反馈。得到快速地反馈通常可以使学生获得更多的学习动力。如果学生可以在1 ~ 3天的时间内得到作业的反馈，学生会花费更多的心思来完成作业。同时作为老师，我们渴望学生对作业进行更为深刻的思考。总之，老师对学生的作业进行及时反馈会对教学产生深远的影响，更短的书面作业对师生来说是一个双赢的局面。

激励性的作业

有趣的作业相较枯燥无味的作业总是更能得到学生的青睐。打破常规，采用独特的方式来完成课标要求会让你更受欢迎。独特有趣的作业可以是要求学生采访他们的家人或朋友，设计艺术品、音乐、戏剧或媒体，通过学到的知识或技能进行多层次有意义的互动。让学生通过他们所钟爱的方式来完成作业，是让他们参与其中的好办法。

我们同样可以要求学生积极地参与到作业当中。假设学生为商界CEO，安排学生作为专家来展示某一领域的主要知识，将学生的姓名融合进历史事件中并编写相应的历史日记、用诗一般的语言来描述五棱镜及其特征（点、线、面）。

贝弗利·玛德克斯是阿肯色州小岩城一位中学老师，她认为："通常在作业量小的课堂里，虽然学生也能通过考试，但对学习的期望也相对较低，这些学生的测试成绩均相对较低，表示学生的学业成绩较差。为了避免这一情况，我们需要对所布置的作业内容及标准进行评估。如果学生对我们所布置的作业充满兴趣，就会开心地完成作业；另一吸引学生来完成作业的途径在于增加作业的复杂度。学生们更希望完成那些具有挑战性的作业。这或许听起来有悖常理，但这一方法的确有效。每当我将作业的难度提高后，更多的学生会完成这一作业。相反，当我布置那些常规的作业时，学生们就只会走走过场，不会认真地来完成作业。"

我们可以尝试用以下的方法来增加作业的难度和挑战性：

◆ 设计一组符号和图案来代表目标。

◆ 如何通过一幅画来表述文章的主题？

◆ 辨别出学生所提供解决方法中的错误，确定学生接下来需要掌握的知识。

◆ 依照重要性将观点进行排序。

◆ 描述每个词组，给它赋予一个独特的意义。

◆ 创作十二个独立的可以用“染色体”来回答的问题。

◆ 做一期公共电视节目来劝导学生们在课后时间正确对待零食。

◆ 创建一组六格动漫来描述一个事件。

回答这样的问题可以使学生感到有成就感，但这样的作业会很快失去其对于学生的吸引力。从阅读材料中找到这些问题的答案是件苦差事。老师应当将更高的思考层次的要求——理解、应用、分析、综合、评价等融入作业，使学生对作业更加感兴趣。

根据弗兰克·威廉姆斯的观点，创作性思维有八个层次。前四个是认知层面的，后四个是与情感相关的。这八个层次都对作业安排有着重大的影响。

流畅性——考虑一下生物和无生命物体的区别。尽可能多列举他们的不同。

灵活性——基于不同种群的不同特点来为生物构建一个分类系统。

独创性——写下你对于生活的描述。

精密性——解释生物学家们是如何依靠其他领域的科学家的发现来完成自己的研究工作的。

冒险精神——说一下你认为现代发展基因工程所带来的好处和潜在危险。

复杂性——讲一下科学家们发现的基于实验能够改善生活的科学发现，但会危害到对其他的生物的发现。

好奇心——为了解科学家一天的工作是怎样的，你会给生物学家提出什么问题呢?

想象力——简单地猜想用显微镜看到毛细血管时的第一想法。

改变作业的阅读素材同样是使学生更加感兴趣的方法之一。新闻式的写作比百科全书式的写作更有吸引力。这样的作业对于老师来说批改起来也更有趣。学生们通过阅读《发现》《世界地理》《原石》等杂志来学习你想要教给他们的内容。新闻写作，不同于百科全书写作具有那种表达者的语气及读者的参与感。新闻写作最为重要的目的在于其传播性，这一文体的存在需要大众了解其所传达的信息。你可以要求学生就某一话题以新闻写作的方式写作的同时，要求他们融入自己对于各种概念的理解。这样不仅可以激励学生更加努力学习，同样可以呈现出严格有效的课堂学习效果。以下为生物发光两种写作版本的不同。

新闻式写作版本：秋夜，太平洋海滩上阴冷潮湿，寒气渗透到我们的骨髓，但是我们眼前的这一幕深深地震撼了我们的心灵。那是森林里神话般的生灵，点点的绿星照亮了那片黑暗的土地。仿佛一个手指就可以向那滔滔海浪中发射出惊涛般的绿色闪电。大自然母亲通过这一场表演震撼了我们。我们在这舞动的光中欢笑，我们身体的周围是那微小的生物，点亮了令我们不安的黑暗。虽然光存在的时间很短，但无论我们站在哪里，数十亿的发光体混合在脚下的沙子里，我们的体重使得脚下数英尺的沙子发出荧绿的光。当我们奔跑时，便会留下一串发光的足迹。我们踢了一下脚下的沙子，那荧光绿以扇形的轨迹在一米远的地方散开。挖一些沙子放在手中，让其从手指缝隙间流出，就像十一月的流星。此时的沙滩上正如同一个即将让梦想成真的、奇妙的虚幻世界。

百科全书式版本：生物荧光是有机体内的一种化学反应现象。促成这一反应的化学物质叫作荧光素。从化学角度来说，启动照明这一反应的是荧光素酶。生物体通过食物或内部反应产生荧光素。然而，对于某些生物来说，发光所必须的化学物质早已经存在于生物体内。在特定物质与这些化合物发生反应时，生物发光现象便会产生。在海洋中，能够发光的单细胞藻类会因为外力的作用而发光。当细胞表面变得扭曲时，体内的化学物质与其他细胞进行反应，这些单细胞藻类便会发出光芒。大多数的腰鞭毛虫能发出持续十分之一秒的光，而水母所发出的光则可以持续一分钟。

学生们通过阅读新闻式版本，会从内心深深渴望弄清生物发光的原理。于是他们会去阅读百科全书版本。以特定的方式为特定的观众准确地表述某些知识，这样的作业对于学生而言也是十分有趣的。一个典型的例子就是要求学生创作一首说唱歌曲。歌曲当中的单词和节奏可以作为信息记忆的助记符。然而，最有效的学习在于歌曲的创作本身。在说唱歌曲创作过程中，学生可以了解他们所接触的各种概念的属性，尝试着将他们的发现教给他人。随着他们一遍一遍地讲述这些短语，他们口中的这些信息可以变成自己脑海中的长期记忆。学生们通过说唱音乐可以背诵荷马史诗《伊利亚特》。

如何布置激励性作业

以下为几个如何布置激励性作业的指导原则。你可以从中选取

最符合你的学习目标和课程的方案。

1. 让学生们清晰了解他们最后需要上交的作业是什么样子的。这并不意味着老师需要规定作业的一切，或高质量的作业仅仅有着一个标准。老师所布置的作业应当留给学生足够的空间来表达其独特的性格与特点，有目的地布置作业对学生的学习和作业的完成具有很大的影响。

2. 将目标融入作业中。当学生们感到自己正在纠错时，他们便更有动力。学生们这一团体对于生活中的公平问题异常敏感。他们同样异常地具有爱心。寻找可以满足学生这些特性的作业，使学生在学习的过程中得到相应的成就感，他们也会更加地喜爱你所布置的作业。

3. 为学生的作业寻找真实的观众。学生作业的观众并非仅仅是你，其他的老师同样可以成为作业的观众，比如当学生在作业中采用了演示文稿，网页等技术时，我们可以将其展示给大家。学生会意识到他们的作业有着自己的观众，真正的观众能够激励学生的学习。

4. 将学生们所崇拜的人物融入到作业中。当我们要求学生们与我们分享自己所崇敬的人物时，他们总是受到鼓舞。社会中的每个人都有自己眼中的偶像，学生们对于谈论如何成为自己偶像那样的任务十分感兴趣。

5. 允许学生对作业进行适当的选择。老师可以允许学生做奇数或偶数题，或允许其从三个提示中选择。让他们自行选择描述政治或科学流程的最佳词语。让学生决定自己的饮食。让他们选择是单独一个人完成作业还是寻找合作伙伴来一起完成。允许他们从多个基于多元智能的任务中来进行选择怎么样？如果能更加舒服地完成作业的话，那么他们完成这项工作的可能性也会随之提高。

6. 将文化产品融入作业中。如果说学生为完成作业需要借助于之前的杂志、电视节目、食物、运动器材等产品，他们会更加乐意来完成这一作业。要知道，人类的大脑更加倾向于完成自己所较为熟悉的任务。

7. 允许学生参与到作业评估方法的选择当中。如果他们参与到标准的制定当中，归属感也会随之增强。通过参与其中，学生不会觉得这些作业是强加到他们身上的。同时，因为学生参与了作业评估标准的制定，他们对于如何更好地完成作业有着更为清晰的认识。例如，我们可以将过去几届学生优秀的作业范例张贴出来，让学生们分析这些作业之所以独特的原因。我们就可以要求他们来制定达到这一标准作业的评价标准。除了学生本身具有更多的归属感之处，他们会将自己的作业与他们所总结的标准进行比对，在自己完成作业的过程中，不断地比对优秀作业的范例，这是十分有效的学习方法。

8. 避免看似华丽其实无用的作业。例如，要求学生制作一部小说人物的真人大小的人偶并不会促进学生对于书籍的更进一步的理解。这其中繁多的着色、切割、装订或用旧衣服和报纸进行填充等工作并不会给学生带来太多的回报。确保课程之间有着清晰的关联，而非仅仅是寻求惊艳的效果。当学生们发觉一些作业是那么空泛，他们便会认为这些作业仅仅是使他们忙个不停的方法，于是对作业的热情也会如水中下沉的岩石般迅速消失在我们的视线当中。

9. 将作业问题进行设计。避免让学生重复回答问题或就某一知识进行重复总结。相反，可以尝试开放式的问题，说出不认同的原因、赞同的原因、比较、对照、计划、分类、复述某一观点、组织、创建、采访、预测、分类、简化、演绎、制定、混合、假设、创作、想象、设计、组建、排序、推荐、选择。

10. 要求学生全部上交作业。老师应当要求所有学生都提交作业，不论学生是否已经完成了作业。如果学生没有写作业，要求学生在一张纸上写下自己的名字以及未能完成作业的原因。十几年前，我便开始采用这一方法。如果学生未能完成作业，学生需要在自己交上的纸上写下自己父母的电话。在当天，我会给未完成作业的学生家长打电话，通知家长他的孩子未能及时完成作业这一情况。有时我会要求学生来拨打这一电话，亲自给家长解释自己为何未能及时完成作业。家长总是不希望接到老师的电话。于是，在接下来的数周内，父母接到电话的学生会及时地上交作业。当学生了解到自己如果未能完成作业需要填写联系自己父母的表格时，他们便会竭尽全力地完成作业。除此之外，通过直接与学生家长进行联系，谁未及时完成作业这一信息也不会被大家所知道，学生的声誉也因此可得以保全。

11. 避免让学生推迟作业上交时间。我过去曾经采用过这一做法，但后来我便意识到这一做法会削弱作业的重要性。这一做法仿佛是告诉学生作业对于学习真的并不是那么重要，没有作业你依然可以学习得更好。作业对于学生的学习应当是有着促进作用的，其重要性完全不亚于课堂教学本身。如果说你正在寻找一种奖励学生的方法，可以考虑一下“无限延长作业提交时间”。我一直采用这种方法。

学生们为得到这一奖励而努力竞争。在需要上交作业时，得到这一奖励的学生可以上交延期证明，选择适合自己的时间来延期上交作业。同时，他们还可以获得与他人同样的学分。通过延迟作业提交时间，我们在允许学生延迟提交作业的同时，依旧可以维持作业的重要性。当然，学生会合理地利用这一奖励。

12. 将其他的学科整合入一份作业当中。这样的安排对于两个学科而言是十分复杂的。提出这一方法的本身在于更加合理地进行作业安排。为解决这一问题，老师可以选择分开批阅作业，然后彼此就分数进行沟通。这样就可以减轻学生做作业的负担。有时，每名老师布置一个半小时的作业，这就意味着学生总共需要完成五个小时的作业。这并不符合学生们成长的需求。这样，有学习障碍的学生们该怎么完成这些作业呢？那些因流感而旷课的学生呢？这种情况发生的概率要比我们所预想得更多。相较学生的睡眠、运动、个人时间、与家人相处，花费两个小时来对比两首诗歌的优缺点算什么呢。

13. 避免在周末或假期布置作业。这不仅仅是我作为老师的想法，这同样是我作为孩子父亲的想法。要知道，周末存在的原因是为了让我们的学生作为孩子开心地玩耍，与其他的家庭成员度过更多的时间。他们与我们成年人一样需要休息，这也意味着，我们作为老师不应该在周一或假期开学的第一天进行考试，以免学生在假期将原应用于玩耍的时间用来准备测试。不要让学生在周末为这些事情而焦虑不安。学生在度过舒适的周末后，本身已经对周一的到来有焦虑感，觉得新的一周意味着新的压力。我希望通过这样的做法，他们会期望下周的教学（好吧，只是有一点点吧），在接下来的时间内的学习效率也会变得更高。

作业存在的根本原因在于加深对知识的印象，使其变为长期记忆，不是吗？我发现，如果学生在周末晚上或假期最后一晚做高强度的作业练习会造成极差的长期记忆效果。死记硬背只可能应付一周内的小测验，学生会很快忘得一干二净。如果我们期望真正教会学生知识而不是通过繁重的作业来迫使他们学习的话，在考虑周末和假期作业时要仔细考虑。

14. 不时地向学生寻求建议，听听他们心中最为有效的作业应当是怎样的。有时候，真正最具创造性的作业是学生们自己所设计的那些。在上完一节课后问一下你的学生，他们怎样才可以清楚理解教学材料。你从学生的口中将会获得许多有建设性的意见。

评估中学作业的各种方法

在教学当中，我们应当如何有效地进行作业的评定工作？我们如何处理学生的作业？我们怎样才能使学生通过完成作业获取更多的知识，而非敷衍了事？以下为一些你可以采取的措施。

对于那些需要几周才能完成的项目，如科学学习日志或读后感，老师可以快速地阅读学生最终的作业，并要求学生选择一张可以代表自己思想的作业来供老师评阅，在这一页的开头画一个小星星。选定的这一内容应当可以反映学生卓越的思维、科学化的安排或超越评测标准。如果你担心作业的内容太多已不便评阅，可以让学生挑选两个或者三个条目以进行自我评估。

留都是选择题的作业时，老师可以让四五个学生组成一组来完成答案的彼此核对。如果说组员的答案错了，且不明白原因，其他的组员应当负责对这一同学的答案进行解答。在一个团队里的所有人都纠结于某个问题时，大家可以向老师求助，老师此时可以召集全班的学生来讲解这一问题。老师只负责解决大家都感到困惑的问题，在各个小组一同审核作业时，老师可以来回在各个小组中走动，帮助小组审查作业需解决的问题，纠正他们的误解。同学可以更好地与同辈进行沟通，这或许听起来让我们十分沮丧，但这的确是有效解决问题的措施。

作为老师，我们没有必要对所有的作业进行评分。我们可以简单地对一些作业标记为已阅就可以了，同时对作业中学生可能出错的问题进行抽查，以考察学生对知识的掌握程度。

在现实世界中，不管你做了多长时间，天有多热，在工作完成之前你都不能够得到报酬。这与我们的努力程度并不相关，我们只有在努力地完成任务之后，才能够得到相应的报酬。IT从业者可能需要整夜熬夜来为客户准备提案，但客户不会因为你熬夜就更加青睐你的提案。

优秀中学教师南希·朗文对于这一方面有自己的思考：我在过去的数年中尝试了几十种作业评价表格。我最为喜爱的是通过在纸张上左边列出所有的知识考查标准，在纸张的右侧有着达成和未达成两个选项的表格。通过这一方法，我可以随时了解学生已经达成了哪些学习标准，他们对于哪些知识需要加深理解。我会要求学生在科目评分日期到达之前提交作业。学生会及时收到反馈，对自己做错的作业进行修改，以使我对他们的知识掌握程度进行更深入的了解。在成年人的现实世界中，即使是我们犯错了，依旧可以有修改的机会。难道孩子们不应该有第二次机会吗？

另一个成功的教育工作者比尔·艾维对作业修改的观点大同小异：这正是我们作为教育者所期望为学生做的事情。我的同事，英语老师珍·史密斯，通过一遍遍认真帮助学生修改诗歌作业，学生最终的诗歌作品比我校的诗歌比赛冠军的作品还有文学价值。这一做法可以推广到所有的学科中。

对未能及时完成作业的学生是否进行惩罚

媒体近期报道提及，有些学生在不完成作业的情形下，依旧可以通过考试。当然如果说我的学生在不做作业的情况下，依旧还可以在所有的考试科目中都得优秀的成绩A，那么作业对他就真的没有任何意义了。作业存在的目的在于教导，而非是惩罚。如果一个学生已经掌握所要求掌握的知识，仅仅是因为未做作业就不能通过某一课程考试是不公平的。然而，这却表明我们并没有很好地完成自己的教学工作。如果我所教授的课程对于他来说太过于简单，那么我需要使课程变得更加具有挑战性或考虑建议其就读难度更高的课程。

一些老师声称，学生可能会因为面临校外的各种压力导致其不能完成作业或学习效果不佳。我们需要牢记，教学的第一任务在于教学。就学生不可控制的外界条件所引起的无法完成作业的情况进行惩罚是不对的。我们不能无所谓地耸耸肩说不管遇到任何困难，学生们都必须要完成作业。我们可以与学生家长进行探讨，寻求可以完美解决问题的方法。

我有一位学生在放学后需要工作四个小时来帮助自己的家人。我当然可以告诉他跟他的家人，他在这一年龄工作是不合法的。我可以说学习才是他目前的第一位任务。但事实上，衣食住行才是其最基本的需求。相较于生存而言，完成作业相较就没有那么重要。如果说学生们已经掌握了应当掌握的知识，那我为什么还要在作业这方面难为他呢？学生关心的问题应当是他所认为最重要的事情，我们许多学生面临着严峻的生存环境，相较于因未完成二十道数学题就对学生进行惩罚而言，老师对于学生的同情及灵活地调整作业安排是更加合适的选择。

留作业的技术

在过去的几年中，网上在线信息发布系统的建立是中学教学所经历的最令人惊异的变革之一。根据具体情况的不同，老师可以发布每日、每周、每月的作业。他们可以在网络上张贴测验结果，项目研究方向，地图，学生工作，词汇表，学生照片，黑板笔记，演示照片，学习助手，与学校有关的话题，公告和日历，鼓励学生的信息，学生成绩，研究发现，教学大纲，书籍列表，推荐网站，电子卡信息记忆，健康建议等事项。

在过去的数年内，网络发布信息的优势每年都在增加。父母可以通过家里或者工作场所的电脑下载最新的作业安排。雇主大多允许员工从工作场所上网。父母于是就可以了解他们的孩子在课堂上的学习状况。这样可以避免家长与老师之间的不良沟通问题。学生们也已经意识到他应当努力并高质量地完成作业，而不是侥幸逃过作业。如果家长需要获取相关信息来帮助自己孩子的学习，他们就可以随时快速地获取所需的信息。

家校通网站并非是老师与学生家长交流的唯一方式。电子邮件也不错。我把工作电子邮件地址告诉家长和学生。两分钟内我就可以解决需要处理的问题。学生们在通过电子邮件与我交流的过程中，会逐渐学会沟通礼仪，变得更加成熟。父母同样感到他们并非是在单独地处理自己孩子的问题，还有我可以依靠。这可以使父母和老师成为真正的团队，而不是彼此对抗。

一些中学老师和大多数的学生均认为，作业是教学中的魔鬼。但作业实际上并不需要让老师和学生如此挣扎。让我们赋予作业所应有的活力，使其达到其本应具有的功能，作业本身即为有效的教学工具。现在大部分作业安排和练习依旧同20世纪所采用的试题相似，这是很让中学教育工作者和学生烦恼的。我们应当基于我们所了解的学生们成长的特征来设计符合这一群体学习本身要求且具有创造性的作业，这样我们作为老师就可以体验到学生所创造的鼓舞人心的作品。

第 8 章

对学生进行分组及促进合作的好建议

在差异化的教学实践中，有三种方法对学生进行分组。我们可以依照他们个人的学习特征，他们的学习兴趣，或者他们对知识的掌握程度来对他们进行分组。

许多新上任的老师经常做一个噩梦：当你正在教室的一侧对几个安静的学生教学的同时，在教室的另一个角落，本应在做团体活动的另一群学生有的正在恐吓其他的学生、篡改评分册、偷拿你办公桌上的办公室通行证，或正在访问不良网站。你抬起头，看到校长站在教室门口手中拿着随机考核表格，他先盯着你看了一会，接着目光转向正在犯错的学生，眼光随之回到你的身上。他的脸因愤怒变得通红，眉头皱在那里。

你惊出了一身的冷汗，心跳变得急促，随之开始进行自我安慰，重复地对自己说那只是一场梦。

这或许真的只是一场梦。这种情况在大多数中学教室当中根本就不会发生，也不值得老师无端地担忧。老师可以训练自己的学生高效地以团队合作的方式来进行学习，彼此互相监督。

为什么分组和如何分组

老师应当有目的地来对学生进行分组。可以将班级的学生作为整个一组，还可以为特定的教学目的将学生分成不同的小组，这都是一件值得你我花时间来做的事情。当我们迷失于急迫的标准、评估、接听家长电话以及文书工作中时，通常会忘记策略化分组这一有效的中学教学方法。

尽管整个班级一同教学是一种十分有效的教学方式，但这一方法并非适用于所有的情况。

老师应当牢记，学生们渴望与同伴们进行积极的社交性互动，渴望参与到学校内有意义的活动当中来。智力是人们与生俱来的一种社会技能，为使事情有意义，我们必须与其他人进行沟通，我们所得到的信息也通过这种方式长期地储存在我们的记忆当中。学习者不可能在被动学习的情况下取得优秀的学习成绩。我们可能会认为当学生们坐在座位上，注意力集中于我们身上时，我们对课堂可以全面管控。但事实上，当我们无法给他们提供有意义的活动时，他们的注意力便不在课堂当中，自然也不可能取得优秀的成绩。

中学生在与他人的交往互动中，应学会如何控制自己的情绪，提高自身的社交技能，且同时得以成长。在社交过程中，他们开始因认同而得到归属，而认同有时意味着自身的安全感。这时，他们渴望突出的同时，也渴望作为团队中的个体来存在。学生在社交过程中的得到与给予，帮助他们塑造自我，他们眼中的自我价值同样意味着别人如何看待他自己。因为社交互动可以塑造学生对于自我以及他们对学习的看法，我们希望这种经历是对学生们有益的，希望他们可以通过积极的方式来习得处理社交互动应具有的必要的技能，学生将自己的精力投入到促进学习进步当中，要远超于在课堂后面叽叽咕咕地说话。在一个学习时间段内，对学生进行分组和二次分组，帮助他们获取组内交流的技能，可以最为有效地帮助学生进行成长。

这难道意味着我们永远都不能同时对整个班级的学生进行教学吗？答案是否定的。高效的教学同样可以通过整个班级教学的方式而存在。老师应当开发一种灵活的教学方式，使自己可以灵活地采用全班、小组或独自学习这些教学方法。

小组成员的选择

分组时，应考虑将对某一知识掌握程度相似的学生分到同一小组。如果我们提供给他们的素材超出他们的接受范围的话，他们便不能融会贯通。如果我们提供的是他们早已掌握的知识，那么我们是在浪费彼此的时间。我们只有选择适合他们水平的教学材料，学生才能够有效地学习。为达成这一目标，我们有时依照学生对于知识的掌握程度来进行分组。

差异化教学分组

在差异化的教学实践中，有三种方法对学生进行分组。我们可以依照他们个人的学习特征，他们的学习兴趣，或者他们对知识的掌握程度来对他们进行分组。

学习者的学习特征指的是学习者的多元智能、性格类别、学习风格和使其自身学习与他人有所不同的特征。这些特征可能包括学生独特的思考方式，如特立独行的、实际的、注意力不集中的等。在过去的许多年，我的课堂是一些十一二岁的少年一生中所经历的第一次正式的课堂教育。在他们逃离家乡到达美国之前，他们可能是中美洲大地上的娃娃兵。一些学生已经是或即将成为黑帮成员，有的学生家庭贫穷，我们在分组时都要充分考虑这些情况。

有些学生家长在原国家的职位或许是高级科学家、政客、工程师甚至是商界领袖，然而在美国他们从事着夜班清洁工的工作。有的学生表现出患有精神疾病或正面临着家庭解体，有的正居住在当地流浪者的安置点当中。有的学生可能会有着严重的考前焦虑症，还有的学生有着他人所不知的恐惧或与异性不合。所有的这些都应计入学习者档案当中。如何才能了解学生的这些特点呢？我们需要在各种情形下与学生相处，正如谚语道：想更好地了解一个人，就一起去爬山吧，这比在山谷中悠闲同住一个月要好得多。

所谓兴趣指的是学生都感兴趣的事情：偏爱文学、运动或喜爱音乐。学生在接触自己所感兴趣的领域时，他们便会找到其中的意义，最终不仅可以获得更大的学习动力还可以长期对这些信息加以记忆。由于其本身对课程感兴趣，因此他们的学习会更加主动。如果一组学生爱好足球，你可以要求他们用足球来对所学习的知识做类比，那么这堂课对他们来讲便充满了乐趣，而非仅仅是需要忍受到结束的一段时间了。

对知识的掌握程度通常指的是学生对于知识的了解程度，是刚刚有所认识还是已经完全掌握。在依照掌握程度进行分组时，随时留心学生各自的掌握程度。例如，在某一课堂上你希望自己的学生可以掌握五项必要的技能，但有的学生只学到了其中的三项。那么记录下他们的学习情况。在以后的教学当中，确保学生可以学习到他们此前忽略的知识。这并非是对目标的忽视，这是智能化教学的一种表现。作为老师，你负责所有的学生都掌握相同的五项知识，然而这并不意味着学生可以同时掌握这些知识。你所教授给学生的知识应当是他们准备接受的知识，这也是你教学的最低目标。教学更加重要的事情在于学生学到了什么，而非是你教授了什么。我们应该选择一种学生可接受的方式来进行教学。当我们依照学生对于知识的掌握程度来进行分组时，我们是否总是将熟练掌握的学生分为一组，较为熟练掌握的分为一组，刚刚接触这一课题知识的学生分为一组呢？答案是否定的。我们依照前期的评估结果对学生进行分组。或许分组的结果中，有四组学生已经掌握了大部分的材料，因此需要更为复杂的课程。同时其他的一组学生对于这些知识仅仅开始有所接触。有个经验是，在课堂上有超过五组学生时，我便会管不过来。因此我总是尽力使小组的数目保持在五个以内。在多数情况下我会将课堂上的学生分为三组，之后在教学过程中灵活地对小组数目进行调整。

要记住，小组成员的构成应当是动态的，而不是一成不变的。如果我们发现有的学生已经无法跟上小组的学习或已经超出了他人的掌握程度，我们应当给这一学生进行小组调换。记住，中学生渴望竞争。小组调整可以使他们达成学习的目标。假如我们课堂的气氛可以包容学习者的差异性，这一目标则更加容易实现。学生们的进步总是迅速且不稳定的，因此作为老师我们需要透彻地了解学生各自的情形才能够促进学生学业的成功。

情境化教学

对学生们分组的另一个重要原因在于：学习需要特定的情境。大学允许学生在第二天考试的教室内进行学习。如果大学二年级学生爱丽丝在温习克雷布斯循环时正看到教室的出口标志，在第二天生物学考试时当她再次看到出口标志时，这一信息便会出现在她脑海。在我们的中学课堂上，如果杰夫在学习指数时恰好看到墙上的数学漫画，他便会把指数跟漫画结合起来，因此他在其他地方一看到数学漫画便会想到当初学习的指数知识。当他在另一小组中盯着灭火器时，他便不能够那么轻松地想起指数的知识。然而，如果你在教学的过程中让杰夫在不同的情境下学习同样的知识，他的大脑便会就这一知识形成其自身的灵活性，杰夫就可以在不依靠外界刺激的情况下来调动指数这一知识来解决问题。

有的老师每隔两周便会对学生的座次进行调整。尽管这是一个不错的方法，但我并不会经常地这么做。我可以接受的频率是每一个月对学生的座次进行一次调整，也许你可以做得比我好。其实在一节课上我们也可以让北面和东面的学生集体交换桌子二十分钟。或者要求那些爱说话的学生坐到窗户旁边，那些比较爱跟别人打交道的学生坐到教室前面，保持这样的座次安排5～30分钟，然后让学生回到各自原先的座位上。在不同的情境和不同的座次下教授同样的知识是一项有效的教学策略。如果说学校的桌子没有用钢钉固定在地上或者桌子没有沉到学生搬不动，这将十分有利于这一策略的进行。即使桌子被固定住了，请记住，学生是活的。

如何确保在没有老师指导的情况下学生小组依旧保持学习状态?

在现今的世界中，我们所能给予学生的最佳礼物就是如何以小组的方式来进行互助协作。学生们进入我们的课堂前并不懂得小组协作，有的中学生需要老师大范围地指导才能够进行小组协作。最为快速的解决方法就是：我们不参与其中。在成功的中学课堂当中，老师并非会无时无刻地对学生进行监督，他们选择放手将主动权留给学生。老师教给学生自己完成任务的方法。以下为几个老师指导学生如何自己完成任务的范例。

“鱼缸”活动

在“鱼缸”活动中，让一小组学生聚集在其他人目光可以看到的教室中央或教室的前面。由他们来完成某一项任务（如研讨会、辩论、项目设计、实验、学习），其他的学生同时观察每个人的举动来判断哪些行为有利于或阻碍了小组项目的成功。通常所提及的一些行为同大家之前所总结的有利于小组项目成功的行为所吻合，或许与之前大家头脑风暴的结果所一致，或许老师也曾告诉他们应当这样做。

老师可以事前告诉演示小组的学生采取哪些行为，以达成最终的教育目标。其中的行为或许是老师希望强调的，学生应当采取或避免的。

当演示结束后，观察者会告诉表演者——“鱼”，他们在这个团体当中的表现。老师们在其中应当起到协助作用，侧重于告知学生哪些行为是可以促进学习的，哪些行为是应当避免的。

下一步将班级的学生均等分为两部分，每一部分再分为A和B两部分。每个部分被相应地命名为小组A和小组B。两个小组A同时进行某一任务，B组在进行观察的同时记录A组每个成员的行为是有利于还是不利于任务最终的达成。演示小组成员试图展示所有的积极正面行为。在此时，可以安排一位观察组的学生来观察任务执行过程中一位特定的演示组成员的行为。然后两组交换彼此角色，由小组B来进行演示，小组A进行观察以及记录工作。在演示和观察工作均轮流完成之后，四个小组成员分享各自所记录的信息。

利用录像来协助教学

在一组学生表演的同时，老师可以利用录像记录这一过程，然后引导学生来公正地讨论哪些行为是有利于任务的，哪些行为是不利于项目的。你也可以在对一组学生进行教学的同时，利用录像记录下另一小组的活动，之后通过私下观察录像来监控小组的表现。在有录像存在的情形下，小组成员总是会认真完成任务。

学会分组是个积极的开端

如果在你的课堂当中，6~8个成员的小组分配不够理想，你可以尝试采取两个学生一组的分组方法。让他们轮流提问一个问题，并彼此将他人的回答记录在你发放的表格上。当学生对于提问、回答变得厌倦时，尝试给予学生具有灵活答案的问题。此外，你可以要求他们来设计他们下次对话的问题。当他们掌握了这一方法后，将小组的数目扩大到四个人。在这一阶段，你同样可以要求学生对他人的回答进行记录，使他们随时参与其中。我们同样可以考虑将对话的时间逐渐从五分钟调整到七分钟，最终使这一对话的时长达二十五分钟或以上。

T形列表或T形图

在黑板上的中央画一条竖直的线，然后画一条垂直于这一条直线的线条，组成一T字型。在每一边列出小组协作所需要的积极特征，在T字的左边画眼睛，右边画耳朵。在眼睛下，要求学生列出他们所看到的成功协作的特征。在耳朵下，写下他们所听到的小组协作成功的原因。在T形列表创建之后，要求班级小组在行动之前、行动中、行动后参照这一列表来了解他们的优点与不足。

故事或诗歌

找到讲述团队成功合作的文学故事或诗歌，由你或者学生大声地朗读出来。小组的成员可以参照他人的行为来反思自己的行为。学生们对于以故事作为范例的做法接受程度较好，他们可以轻松地体会到其中的信息。在接下来的小组对话当中，无论课题是什么，你可以看到学生们的学习热情明显地在提升。

分组的利弊

分组教学对于学生的学习可以产生极大的促进作用，同时，采用不当也可以产生极大的危害。你可以寻求同事的建议，逐渐地掌握这一方法。为了确保每个小组成员的成功，你必须随时了解各个小组的状况。你可以随身携带一个笔记本记录学生们所做的能够促进小组任务的行为，然后将这一经验跟全班学生分享。确保每个小组有自己明确的任务，同时应当要求他们在任务完成时给老师递交书面报告或样品。

第 9 章

撰写代课老师方案的好建议

制定代课老师方案时，绝非仅仅将所需讲解的内容罗列出来那么简单，而应该在手册或笔记中面面俱到。代课老师欣赏的是详细的方案，尽量避免出各种状况。

> 你要允许代课老师灵活变通。有时一节课很符合你自己的专业背景，讲授起来游刃有余，但对事先没有了解教学材料的人来说，就可能是个很大的挑战。如果对某课题一无所知，提出有质量的问题是非常困难的。
>
> ——代课老师沃尔特给予老师的建议

有种说法是，学生在老师缺勤之时的所作所为能够反映这位老师的教学质量。我不敢太过苟同，因为很多事是不可预料的，尤其是对冲动任性的学生而言。然而，确保老师缺勤时学生能够尽可能自觉，也是有章可循的。这就要求学生熟悉教学流程，并能承担自己的责任。老师还需要教会学生向班里的优秀生学习，不要捉弄懒散的学生，更不可对盛气凌人、指手画脚的学生反应太过强烈。适应性是一项非常重要的生存技能，所以老师应该花时间教会学生变通自己的所作所为。

老师应该花时间教会学生在出现以下情况时采取恰当措施：草纸不够用，对某问题有疑惑而老师正在和他人探讨问题，需要上洗手间，有人惹怒了自己，打印机卡纸，办公室打来电话，电视不出影像，房间温度过高或过低，等等。如果学生需要削铅笔，看不清黑板，弄脏了地板，天竺鼠跑出了笼子，衣物柜损坏，上体育课时衣服被盗，颜料罐里的颜料干了，合唱时走音，不小心点击了不良网站，太早去看医生，注意到植物需要浇水了，有学生咬钢笔弄得满嘴污渍，有学生流鼻血……老师应该予以指导纠正。不过这只是开始而已。

假设你已经教会了学生尽量自觉，当由于生病、职业发展或者个人休假而缺勤时，又该如何制订满意的代课老师方案呢？

 我们要告诉代课老师什么

制订代课老师方案时，绝非仅仅将所需讲解的内容罗列出来那么简单，而应该在手册或笔记中面面俱到。许多学校要求将这些代课老师手册存放在管理部门，而我通常放在办公桌中央，以便随时取用。我存放在管理部门的，是一套代课老师紧急预备方案，后文对此会有详述。

合格的代课老师手册应包含如下物品：

◆ 各时间段的座位表（或体育课的小组名单）。

◆ 每课时的实际计划，如消防演习计划、集会、体育课、书展、学生会选举或父母志愿者协助工作等。

◆ 清晰的课堂协议，如是否允许在教学过程中使用智能手机，学生如何使用卫生间，向何处提交论文以及如何点名。

◆ 标记逃生通道的学校地图以及各班级名册，以便老师能够在消防演习或真实事故发生时确保所有学生都在身边。说明课堂纪律原则的表，以便学生要求去办公室、休息室或诊所时，代课老师能够采取一致措施做有相应标记的每课时花名册，特定学生或同事的姓名，以便代课老师需要帮助时可以和他们联系。还要准备需要特别关注的学生名单。

◆ 留有一个版块填写与其他老师在休息室共进午餐的邀请函，告知

餐厅午餐费用，咖啡或果汁拿取处，厕所位置以及其他学校设施位置。

 具体的代课老师计划撰写方式

当我们因故缺勤时，当然不希望接替之人坐在教室无所作为，而是期望此人有一定的思考能力和教学能力。我们理想中的代课老师，应该头脑聪明而又心思缜密，并且需要了解学生全貌，以便不负所望。详细的计划有助于教学，而简短模糊的计划通常导致代课老师碌碌无为。

倘若担心课堂可能出现意外，务必向代课老师提供两三个策略，以便平息争端。如果学生过早完成要求，则另补充几个活动，如果某些概念有歧义，则解释彻底，如果某些任务需要学生独立完成，则明确说明。我们绝不能采取放任自流的态度，所写计划应有助于代课老师的成功发挥，而不应完全依赖其智力和经验。

下文展现了我近期使用的一系列计划。

代课老师计划

卡森中学代课老师计划

里克·沃姆利

七年级英语老师

[代课日期]

你好！感谢你今天替我代课。我要去另一所学校参加培

训。请根据学生心情及状态适当调整各项活动的起止时间，并烦请告知完成情况，以便我可以紧接课程进度；另有一点须告知，我故意多做安排，这样才能保证有充分活动可以进行。如果不能全部完成，千万不要放在心上。

此处有班级进度表，课程计划之后还附有班级其他信息。代课手册还包含每日作息时间表。请于下班之后或空余时间记录学生表现以及成绩。如果您和学生需要联系我，我的电子邮箱地址是rwormeli@erols.com，语音信箱号码是555-3680转1740。再次表示感谢！

课程安排一览：

第一课时——英语［8：00—8：57］

第二课时——英语［9：00—9：47］

第三课时——英语［9：50—10：37］

第四课时——个人计划时间［10：40—11：27］

第五课时——活动时间及午餐时间［11：30—11：44活动时间，11：47—12：17午餐时间］

第六课时——英语［12：20—1：07］［与学习障碍专家共同授课］

第七课时——IPR时间［1：10—1：57］［小组计划，老师休息时间］

第八课时——英语［2：00—2：50］

下课［2：53—2：58］

十月四日特殊计划：

第一课时——英语［8：00—8：57］

1. 按照出勤手册指示记录学生出勤情况，切记使用2号铅笔！我的课桌或抽屉里有钢笔和铅笔【出勤手册在左边抽屉】。学生可以趁着这节课记录自己的作业，之后要求学生查看黑板前侧所写的日程安排。

2. 大约在8：03时，行政部门将前来要求每位学生宣读效忠誓言。确保所有人立正站好。誓言宣读完毕之后，要求每位学生坐回原位，但仍需保持沉默，因为此时是弗吉尼亚州要求的默哀时间，之后安静听完早晨公告。

3. 通过我放在代课老师手册里的学生花名册，对学生进行点名。如果无人缺勤则不记录，如果有人缺勤则标记为“缺”，有人迟到标记为“迟”。记录学生所做的任何解释。

4. 为学生朗读《小鱼上学》。该文章出自《最受喜爱的短篇故事》第12页，是一本黄皮书，放在我的课桌上。我平时都大声读出来，这样才能锻炼他们的听力。这篇文章是一则讽刺故事，而讽刺是本周所教概念之一。朗读完毕之后，要求学生评论何为讽刺，并回答自己是否预料到了结尾，又在何时预料到了结尾。作者如何引导读者相信一个事实，却又安排了另一个结果？有无讽刺对该故事的效果是否有影响？

5. 要求学生拿出本周所学词根单，小组合作或自己独立将词根进行分类，至少三个为一个范畴。要求学生查看词根定义，找出相互之间的联系，从而正确分类。

每个词根都必须进行分类。示例范畴林林总总，可以无所不包。学生进行分类时应当依据词根的含义而非拼法。这就意味着他们不能使用短词、韵词、生词及辅音较多的词。

学生必须在下课之前对所有词根单至少做出一个完整的分类。如果他们过早完成，可以继续制作词根表，或按照新分类方法对词根重新进行安排。倘若你有时间，可以组织一场竞赛，看哪个小组找出的分类最多，当然前提是必须准确无误。

6. 禁忌卡：告知学生下周二将进行禁忌游戏，并要求学生自己制作所需卡片。将右图示例画在黑板上。这些卡片都是被分成两半并垂直转动的索引卡。学生需要为每个词根制作一张卡片，这也就意味着他们需要至少二十张索引卡。卡片背面应标明游戏名称以及学生姓名。如果学生未能按时完成，可以留作课下作业，但最迟不得超过周二完成。可以允许小组讨论与词根相关的单词，这样可以有利于学生的学习。

7. 向学生分发讲义副本。我的办公桌右侧有一摞讲义。大声阅读讲义，学生朗读或老师朗读均可。解释讲义顶端所列策略中每个条目的意思，并让学生学习页面中间部分的例子。然后，向学生朗读页面底端的说明，并要求他们完成所需描述。如果学生未能及时完成，可以延期至明天。

8. 如果你有时间，要求学生朗读书桌上的“阅读自传”样本。这些样本不得拿出教室。要求学生记录写阅读自传样本之人所做的五件正确的事情。他们必须写在自己的作业本上，并放在黑板附近的白纸箱转交给我。

如果学生过早完成，可以让他们做以下事情：

完成词根表。

试着写一段周四和周五要看的电影与原著的差别。

第二课时——英语［9：00—9：47］

【重复第一课时的各个阶段的活动，从第三条开始】

第三课时——英语［9：50—10：37］

【重复第一课时的各个阶段的活动，从第三条开始】

第四课时——个人计划时间［10：40—11：27］

你可以趁此放松一下，并在脑中为其他活动重新组合。

第五课时——活动时间及午餐时间

【11：30—11：44活动时间，11：47—12：17午餐时间】

活动时间：本周要做许多不同的活动。周三通常都是品德教育时间，但这次重复周二、周四的内容：默读、写作业、辅导。保证每个学生都有阅读材料。避免材料间的共享，不要让两个学生共用一本书。监督学生言行，如果有学生要求向另一位老师寻求帮助或需要去图书馆，这是没问题的。

午餐时间：在你吃午餐之前确保学生没有东西落在衣柜，并且安全走进餐厅。你可以在餐厅附近的老师休息室就餐，工作室、教室甚至户外都可以。餐厅的成人午餐价格大约2.5美元。工作室内有冰箱，可以存放午餐。

第六课时——英语［12：20—1：07］

这节课比较特殊，是“学习障碍”课。一小组的学生被鉴定为具有学习障碍，教室会有学习障碍专家助阵，以确保学生完成任务。伊丽莎白是这方面的专家，她会成为你的好搭档。不过既然她非常了解学生，你可以让她代课，而你负责监督学生注意力。伊丽莎白很好相处，如果你有好的建议或想法，一定要和她分享，这样才能更好地驾驭课堂。伊丽莎白可以看出有哪些学生的作业需要进行修改。

【重复第一课时的各个阶段的活动，从第三条开始】

第七课时——IPR时间［1：10—1：57］

该阶段是小组老师会谈的时间，你可以趁此休息一下，读本好书或吃点零食。确保一切准备就绪。做第一课时的各个阶段的活动，从第三条开始。老师也可以趁此机会进行反思，记录特别听话或特别捣乱的学生。我通常趁此和家长进行沟通，或要求家长协助。

第八课时——英语［2：00—2：50］

重复第一课时的各个阶段的活动，从第三条开始，不包括第七条。学生此时已经做好了禁忌卡，只需提醒他们明天将玩禁忌游戏，而不是下周二。

警告：学生必须安静听完下午2：45的公告。

解散——请站在走廊，确保学生有序进入公交车。

［2：53—2：58］

归还所有东西，放在办公室。如果你有时间，记下对学生的意见。就是这些了，谢谢！——雷克·沃姆利注释和附录：

1. 小组老师分别为：英语老师——我，科学老师——伦纳德女士，数学老师——卡特勒女士，历史老师——科海默女士。所有老师都在同一办公楼办公。科海默女士备有衣物柜钥匙，如有意外可随时取用。

2. 为你备有每课时座次表，如果有学生捣乱，可以随时调换座次。

3. 请勿让任何学生触碰电脑。

4. 学生使用黑板附近的木质C作为通行证。

5. 不可允许学生在上下课前十分钟内去厕所、衣物柜等地。

6. 学生作业放在黑板附近的白纸箱内上交。

7. 在教学过程中不可使用智能手机。课程规划时要秉持自己的观点。

8. 补给区的物品可以任由学生取用。

9. 尽量保持幽默感。

10. 请注意门旁墙上张贴的防火逃生路线。让学生冷静撤离危险区域，且必须点名，以免遗漏任何学生。所以你身边必须备有学生花名册！

11. 其他纪律想法：如果口头警告和私下谈话对某些学生都不管用，你可以将他送往其他班上课。如果还不见效，将他送往办公室，并附有原因说明。介绍表在笔记本右侧。

12. 如果学生有突发情况，请按门口附近银色盒子上的按钮，并按照办公室的指示填写紧急情况表格送往C107室。行政人员会立即赶到。

13. 纪律：第一次违纪——警告劝阻

第二次违纪——请出教室

第三次违纪——送往其他老师课堂

第四次违纪——送往办公室

注意：我会向学生解释我的行为。请不要对学生发火，即使你的确被惹怒了。你做出警告时可以让学生有所选择，从而承担自己的责任，比如“你想坐下来安静学习呢，还是想去科海默女士的班里，坐在最后一排听课呢？”一个威胁非常有效：如果有谁捣乱，我会邀请他的家长和他坐在一起，在班里待上一两天，所以请各位注意自己的言行。这个方法简直屡试不爽！

14. 学生不能吃糖果或口香糖，可以吃一些对健康有利的食品，包括水果、蔬菜、松饼、布丁、爆米花、果汁、水、三明治、饼干等。花生制品是不被允许的，因为有的学生对花生过敏。

15. 没收所有喷剂，包括除臭剂和头发定型剂。

16. 水枪更要没收！

如果还有剩余时间，你可以：

进行书写比赛。

从字典、词汇表选择单词，或自己选择单词。

你也可以和学生玩“密码”游戏，还有一个游戏叫

“一二三”，是个很简单的逻辑游戏。如果你没听说过，可以让学生告诉你。

学生也可以写信告诉我他们的学习经过。

请在背面对教学过程及学生行为进行评价。

为什么要和代课老师搞好关系

计划太详细了是吧？那我们需要每次都这么细致入微吗？答案是看情况而定。在如今的现代化社会，我们可以保留基本样板，仅更改日期和若干特殊计划。当然，还需要在计划之后更新目录，添加新的场景。如果课时安排有变动，还需要增删课时信息，比如我在第八课时做的变动。我们还必须更新学生花名册，这大约需要两个小时完成。授课顺序的设计大约需要30～45分钟。我们可以将这些安排顺序插入样板，然后打印四五页交给代课老师。

设想以下场景：你得了重感冒，为了把教学计划送达学校，只能挣扎着起床站稳，胡乱穿上衣服，开车经过阴冷潮湿的街道，却发现学校前门大锁。费了九牛二虎之力终于走进了办公楼，径直走向复印机，却发现有人正在使用。你擦了擦额头的汗珠，恳请对方先让自己为代课老师打印150份工作表。得到同意并终于打印完之后，你又走向办公室将计划放在办公桌上。等到走出办公楼祈祷自己不要晕倒呕吐时，却又受到其他老师的几句调侃。硬挤出一丝笑容之后，你一头栽进汽车，到家之后瘫在床上，盖了四层毛毯御寒。昏昏欲睡之前又想到两点：你需要在下午两点之前打电话给学校，代课老师计划中有所遗漏，只能打电话托人转告……

这种场景当然不会发生，聪明的老师会未雨绸缪。以下是几点建议：第一，将你的计划发电子邮件给一位同事，并要求他帮你下载之后复印。如果他住在附近，可以将计划存入硬盘送过去。

第二，采用应急方案。将应急代课老师方案放置在办公桌上。当然，这需要老师在暑假或提前一个月做好准备，但该方案能够替老师省不少力气。找一些有关本学科的仅能通过快速阅读一些指示才能完成的活动。学生独立完成或小组合作均可。我经常从工作手册上复印一些有趣的内容，然后组织成为小组项目要求学生完成，比如设计反映古罗马政治的地下之城，要求学生观看与内容相关的视频，在学生看完之后要求他们进行学术交流。

如果你因为实地考察、标准化测试或其他原因当天只能讲授一两个课时，可以让学生暂时在同事的教室听课。给学生列举四五项有意义的事情，以便在你离开时专心听讲。

最后一点建议，尽早结婚。你的另一半出于爱意，会在你生病时替你将代课老师计划送达学校，也会对你轻声安慰，从而让你早日恢复。

代课老师欣赏的是详细的方案，他们与我们无异，在没有事先准备的场合他们也会紧张。毋庸讳言，准备不周的老师很容易陷入尴尬的境地。以下是一位代课老师的心声：

我曾经替补八年级的科学课，内容有关捕食者和猎物的国家地理视频。当时该讲老虎的部分。既然这是一个国家地理视频，我心想可能会有两只老虎交配的场景。“这可不行。”我耸了耸肩想道。

果不其然，电影放到十五分钟时，孩子们就开始目不转睛了。“快看！它们……是我听到的许多反应之一。我尽量一脸严肃，走到播放设备之前，试图跳过这部分，没想到鬼使神差地按了“快进”键！结果可想而知，画面快了一倍，孩子们真是大饱眼福了。

竭尽全力让学生更容易的学习，会让学生保持最好状态，即双赢局面。要让学生明白这一点。

当代课老师的行为影响到了你时，一定要立即告知行政人员。如果此事关乎违反校规或行为不当，这就是你的法律责任。倘若未能报告这种情况，你会惹祸上身，甚至还会导致该代课老师继续教课。每2～3年内，就会出现几个判断失误或行为不当的代课老师，专职老师不得不采取措施，避免他们再次误人子弟。

不过平心而论，大多数代课老师都很出色。他们是有思想的人，为了赚一点钱也会竭尽全力提供帮助。他们中的许多人和学校工作人员及学生建立了持久的关系，在同一所学校教课的时间也有可能很长。如果你看到满意的代课老师，记得留下对方的电话，在有事缺勤时一定要提前预约对方代课。如果代课老师了解你的学生以及你的授课风格，结果将截然不同。一定要培养好和他们的关系。在你过周末、度假或放暑假时尽量记得他们，如果碰巧遇到他们在替别人代课，也要前去问候。你可以请他们聚餐，并致以最高的敬意，因为代课老师的工作很辛苦，而他们又能游刃有余。他们当中的许多人都是退休老师或其他专业的人才，其中不乏善于和别人相处之人。他们值得我们道以最深切的谢意。

第 10 章

教师小组协作和跨学科教学的好建议

团队合作最棒的一点在于可以发挥每个人的能力。通过彼此合作，我们所拥有的知识跟经验会加倍，也可以共享彼此拥有的策略和知识。

我过去曾认为人与人之间一旦产生信任后便可安枕无忧。现在我体会到你需要不断地强化这一关系来维持团队所需的能量。事实证明一个团队成功的必要前提条件是彼此尊重和诚实。如果一个团队有了以上两点，就可以成功地解决所有的压力和日常的冲突与摩擦。

——德博拉·巴比诺，中学教育家和作家

教师办公室里，当月的教学计划被挂在小组会议室桌子旁。科学老师简站在教学计划前，记录着当月重要的任务和测试。她将头转向历史老师史蒂夫。她说：“我在周四有个十分重要的动物解剖课程，如果你的政治卡通很重要的话，我可以把解剖课移到周五。周四进行解剖课的话，学生们周三晚上就要做恶梦了。”史蒂夫点了点头大方地说道：“可以。我的项目放在周四，你的放在周五。”

“我只是希望你知道，”吉尔打断她的话“我在周五有个小测验，学生们应该可以同时应对我们两个的项目，简。”

“谢谢你，吉尔”简回答后在周五的空上记录上了测试以及解剖课程“大家还有别的事情吗？”

大家都不说话，简于是开始继续会议的下一项议程。她转向英语老师斯科特。

“斯科特，你有可以推荐的用于调查课题的参考书表格吗？”

“是的，”斯科特回答的同时给每个小组成员两个小册子“这一份是给大家的。里面同样有编辑的校对符号资料。我们小组的所有学生都采用这些标记。这也是专业的报纸编辑使用的校对符号。麻烦大家要求学生在课堂内使用这些符号，可能的话，大家也应当采取这些校对符号。”

“彼此一致，是吧？”史蒂夫说。“正是这样，一致。”

莎朗洛是团队中的学习障碍专家，她向前倾了一下身子说：“这倒提醒了我，我们当中有人曾教过学生们用曲线来进行标记，而不是一股脑地来查找吗？”

“你的意思是在阅读草稿时，先寻找标点的错误，之后再寻找书写的错误，是吗？”吉尔问。

“是的，这可以帮助阅读跟写作有障碍的学生。”莎朗回答道。

“我并不认为我们正式地采用过这一方法，”斯科特说道，“至少在我的班级上没有。”

“我们在我的数学课堂上已经开始采用这种方法了，”吉尔说道：“我大多数学生可以很好地适应这一方法，并不仅仅是身有残疾的学生。”

小组中的五名老师点了点头表示赞同。

“那就这样做吧。在班级里采用这种技术。”史蒂夫最后总结道。

“赞同”，简回答道：“如果任何人有什么如何采用这一技术的疑问，能让他们去找你吗，斯科特？”

“当然，大家找莎朗和吉尔也可以。”

斯科特回答道：“好主意，谢谢你们三个对大家的帮助。”

简说：“最后一件事情就是珍妮·理查兹，她的妈妈明天要来学校查看一下她女儿最近一个月来的学习进度。大家可能记得，我们上次承诺就四项做法进行修改以使她女儿可以在学习上重回正轨。

那么我们现在就来看一下她目前的进展。吉尔，她的数学学习状况最近还好吗？”

我们为什么需要协作

当老师努力协调项目及测试，避免学生的生活不会变得一团糟时，学生的生活才不会陷入怪圈里。想象一下每个老师团队成员都采用同样的技术和信息时，团队可以节省的精力。想象一下每个人的想法都被接纳，大家共同促进团队成功时，大家彼此之间的友爱之情。

团队合作最棒的一点在于可以发挥每个人的能力。我们每一个人都有着自己的生活经验和技能。然而，通过彼此合作，我们所拥有的知识跟经验会加倍。我们也可以共享彼此拥有的策略和知识。人与人之间不断沟通所带来的变革会超越我们个人可能给学生带来的改变。当三四个同事组成小团体时，我们可以创造更好的条件来满足学生们的需求。这种来自合作的创造力和随后而来的高效性总是令人惊讶的。

在不同的时间内，小组的情况都不相同，我们需要面对不同的人跟不同的情况。我们永远不会感到自己所在的是一个完美的团队，因此不要陷入完美的团队只能是一个固定样子的思维定式当中。启动健康的措施以使你和你的同事一直进步，而不是永远停滞不前。无论我们在教学的第一个年度里遇到什么不舒服的事情，我们都应经常回想并且学会解决这些问题的方法，以避免重蹈覆辙。

在团队中成为一位积极的贡献者

“他是一个刚刚上任的老师。他们之前或许已经有过这种想法。”“我对这能了解多少呢？我只是一个刚刚上任的老师。”“我知道我在这个团队中的位置。我并不想一上来就提出自己的新想法。”

牢记，当你收到你的教师证时，别人就会认为你是一位合格的教育者。

你有自身可以贡献的事情，他人需要倾听你的声音。你是其他人每学年都需要汲取的新鲜经历和视角。不要被你办公桌周围的同事所吓倒。你可以提供值得他人尊重的观点。

接受公开的意见分歧有利于我们彼此的沟通，这不是一件要尽力去避免的事情。团队应该确保可以听到所有人的观点。为使其他人可以倾听到你的观点，放弃对他人嘲笑和挖苦的冲动，坚信大家都是致力于让学生获得更好的学习成就及老师的共同进步。这意味着你必须要克制自己独自行动的冲动，及具有破坏力的行为。你应当开诚布公地参与意见的讨论，而非特立独行。不要将妥协看作是一种牺牲，要明白我们自己一个个体是无法达成这一目标的，大家要精诚合作，更好的沟通。

团队中有些成员可能会有着不同的行事原则，你可以向他们学习。向他们学习的原因有两点：第一，他们有一些值得学习的经验和智慧；第二是及时跟他们交流能够使你更好地理解他们所作出的决策，也许在下节课你就能够用得上。

当遇到阻力时，你应与让你感到沮丧的同事进行沟通。如果有人反对你，不要气恼。要知道，他们同样渴望与你公开地对话。如果说你们之间的差异无法融合，询问他们是否愿意在一定程度上进行妥协。例如，在第一年的时候维持“她总是按照自己的方式做事，我按照我的方式做事”，然后如果第二个年度你们依旧无法合作时再要求进行小组重新分配。这看似激烈，但你在第一年可以来学习处理这些问题。此外，在需要时，请毫不犹豫地与你的团队领导或者管理者去谈论你的担忧，要求他们来协调你们之间的沟通。

有时大家所面临的问题仅仅是团队会议中的迟到问题或有人不能够遵守团队协作的专业守则。如果团队中经常有人不遵守规则，你要将你的忧虑与团队的领导者进行沟通。即使你不能直接与犯错的人进行良好的沟通，可以要求团队管理人员与其进行沟通。如果犯错的是你所处团队的管理者，那么你可以要求大家在下次的会面中来讨论这一问题。可能的话，你可以选择以平和且不让他人感到不舒服的方式来表达你自己的观点。

为按时参加小组会议，我放下手边需要完成的工作，准时来到团队会面的场所。然而，我来到后发现大家并没有到齐，这让我感到十分的沮丧。我了解有时有各种各样的特殊紧急情况发生，但过去的两周，我们所有的团队会议总是有迟到现象发生。我原本可以利用等待他人的时间来完成自己的工作。同时，由于迟到现象的发生，现在会议的时间也不得不压缩。我们如何来解决迟到这一问题呢？

一位合格的团队成员会准时参加团队会议。尽一切努力来确保准时参加。在开会前几分钟，请不要试图利用这剩余的几分钟来给家长打个电话或到大厅复印明天的测验试卷。相反，你可以提前到达会议地点。随意地喝一杯饮料，翻看一下专业书籍、杂志或批改作业。但务必确保准时到达。作为专业的中学老师，我们有责任对团队会议作出有意义的贡献。无论你是刚参加工作的老师或者是一个已经工作多年的老师，这都没关系。你所作出的贡献可能微不足道，但是至少你真诚地努力了。你需要给自己机会来犯错。当我们从同事那儿得到反馈，下次就可以进行改善。让我们感谢自己的队友所给予我们的指导，帮助我们成长为一位优秀的老师。

想要与团队精诚合作，你需要在团队的会议议程上添加你自己所希望进行讨论的事情。你可以通过电子邮件，个人笔记，或与领导进行沟通将你所希望讨论的事项列入会议议程中。如果对团队的安排有所担忧，你可以通过寻求他人的帮助以表达你的担忧：“我总是没有时间在走廊里维持秩序。你有什么好主意吗？”你同事的回答可以提供建议，你对这一话题也会有新的想法。有时你可以邀请管理者来参与会议。在会议之前，把这一情况告诉领导者，以免引起他们的不满。

在没有人愿意作为团队领导者时，你可以志愿来担当这个角色。当然，你可能会犯错，但你会学到更多你所认为更为重要的事情。虽然我并不推崇新老师这么做，我仍旧相信大多数人可以成为不错的领导者。一旦会议开始，尽全力确保同事们了解你真的是百分之百的在为他们服务。在你讲话或别人发言时，请两眼注视着你的同事。在会议召开期间，你应进行相应的记录，这可以帮你理清思路及记录相应的信息。利用点头、提问，或其他的肢体语言来表达你真的在倾听他们的发言。正如史蒂夫·柯维所说：首先要试图理解他人，我们才能被别人所理解。这一建议采纳起来并不简单，当我们心中对他人有着固定的看法时体会他人的观点并非那么简单，但我们同样应当尽力体谅他人的观点。

在会议期间，请依照议事日程来组织会议。作为凡人，我们均希望在他人面前释放自己的不满，分享有趣的事情，但优秀成熟的队员懂得严格遵守会议纪律，我们不希望成为那名导致团队脱离会议章程的人。当我们依照会议日程来组织会议时，会议就变得更加有效，团队的每一个人可以利用剩余的时间来完成其他的事情。

如何做好跨学科教学

虽然本书着眼于如何促进中学教育而非教学本身，科目融合是我们在团队合作时不可忽视的一个方面。在团队合作这一问题上，我们无法忽略科目融合这一问题。**在此，我们可以简要地描述科目融合的几个原则。**首先，请允许我进行澄清：跨学科教学或科目融合，是指多个学科领域内容和技巧的融合，如一位科学老师可能会要求学生利用数学知识来分析并制作出加州北海岸鱼类种群的图画。

当不同学科同时关注某同一主题时，专题性教学这一情况便随之产生。例如，一个团队可能会选择多样性这一主题。就多样性而言，涉及的学科可能包括**团队中的每名数学、科学、历史、体育、英语老师都努力通过调整课程来促进课堂的多样性。**尽管并非必须，有的老师会重新安排授课的顺序以使自己的课程更加契合多样性这一主题。可能促进多样性这一主题的知识包括

◆ 数学——通过指标、分数、工程学、规律等来解决问题，识别变量、三维物体的属性。

◆ 科学——通过生物多样性、生态系统、能源循环、元素周期表、原子结构等来研究植物的光合作用、光的特性、分类学、互利共生、寄生、共栖。

◆ 历史——多元化社区、联合国、民权、世界大战、帝国主义、印第安原住民、工业革命、移民、宪法、公民、苏格拉底研讨会、模拟外交、政治。

◆ 体育——食物金字塔和均衡饮食，锻炼以保持身体健康，设定适合自己的速度及舒适度。

◆ 英语或艺术——观点，文学阐述，多元化文学，通过作者的角度来看待背景及时间的效果，角色变化，冲突的类别，冲突的解决，敌人和主角，历史和科学小说，具有多样性的主题的文学作品，互相批阅作业，文学圈。

我们并不能仅仅单纯地寄希望于偶尔事件的巧合。当所有的老师聚集起来，致力于有目的地安排我们的授课计划时，学生们也会因此在学业上取得更大的成就。知识的阐述和拓展需要团队化的课程整合。如果我们与学生们一起搭档做团队的话，我们会取得什么样的成就呢？不合作我们会错过什么吗？

团队合作符合现今世界的主流。真正的生活并不是我们彼此生活在自己的隔间当中的。学生未来大多数的职业都需要他们同时使用多项技能，而不是每隔四十五分钟换用一种技能。其实技能都是相关的，牙科保健员、摄影师或木工、水管工、职业高管等职业均需要学习数学、历史、英语、艺术、科学、体育和音乐类等知识。如果我们希望将自己的学生培养成为对社会有贡献的人，我们绝对不能给他们阅读课仅仅是阅读，数学课仅仅是数学这样的观念。他们必须学会全面的思考。中学教育中的跨学科教学和专题教学可以促进学生们的心智发展，帮助学生达成这一目的。

通过学科整合和团队合作教学，我们可以同时通过一个或多个任务来一同教授及评估一组或多组的学生。团队当中的老师可以一起参与到任务的评估当中。英语老师可以参与科学实验的评估，在自己的课堂上统计学生“写作评语”这一任务的得分。科学老师也可以将英语老师所给的分数合计到最终的表格当中。在同一个任务中，两名老师可以共同对学生就某一知识的掌握程度来进行评分。这可以在减少老师文书工作量的同时，减轻学生的负担。

在教学生涯的第一年，尽力在第一个学期内尝试与你的同事成功进行一次学科整合实验。作为一位新晋老师，在努力完成授课任务和探索成为专业老师的同时，与多名老师一起合作并非那么简单。如果第一个学期的两个科目或主题的整合很成功的话，你就可以在下一学期尝试三个科目的整合教学。

第 11 章

给教师自身专业发展的好建议

定期与你的导师会面，每周至少一次。你可能觉得有些时候没有这个必要，但一旦谈话开始，你可能会发现新的教学方法，解决悬而未决的问题，并且得到情感上的支持。

最尴尬的事情莫过于，日复一日看似什么事都没有改变，可不知不觉一切都变了。

——教师凯文

你可能会说：我刚从师范院校毕业，为什么还要参加教研培训，让我先教一段时间吧。各位一定要明白，你现在是专业的教育者了。各行各业的专家都会抓住每一次机会提高自己。航空公司飞行员每年必须接受几周的培训才能继续持有执照，会计师每年都需要修读最新的税务法。律师、工程师、计算机程序员、警察等均是如此。你能想象一个医生永远不研究最新的疾病、症状和治疗方法吗？由于没有时间和兴趣就忽视自身的发展，这不是一个专业人士的所为。处于学校这个大集体的学生们需要专业人士的教导，而非不懂教育理论之辈。为了保持我们所期望的高标准，我们需要刺激和专业知识的滋养，这些都只有最好的专业发展才能提供。

老师要抓住哪些专业发展机遇

找到适合自己的导师

学校自身就可以提供一些最好形式的专业发展。导师方案对于老师的成长而言，是最为有效的途径。导师提供的观点和实例是任何师范院校都无法做到的，他们的帮助高效且及时。事实证明，导师方案能够培养出优秀老师。刚刚入职的老师可以带着日常教学中产生的疑问去咨询导师："学生头脑中无法产生应有映像时，我该如何解释离子键和共价键？”“我讲课遗漏了什么地方？为什么詹妮弗不能明白所读内容？”这些问题可以很容易地和导师讨论，但很少发生在其他地方——不是在老师休息室，不是在走廊，不是在影印机附近，不是在食堂，甚至不是在大多数部门会议上，这点很可悲。

虽然老师要求学生积极学习、解决问题并懂得发问，老师自身却很少经历这种学习过程。导师可以提供这样的机会，但若想从中得到最大的收获，你需要记住几件事情。

别太在意最初的失败，请导师为你讲讲他的丰富阅历。如果你对某个事物只有几个月的接触，很难建立应有的观点和框架。而导师的阅历可以帮你在看似消极的经验中看到积极的一面。不过该过程并非一帆风顺，要做好思想准备。

勇于向导师提出自己心中的疑惑：我具备所需条件吗？所有的孩子都能学到什么吗？我如何创造性地讲授全州标准化测试？我该如何区分教学指示？我可以给学生均匀分组吗？我如何划分课文章节重点？我需要让学生重做功课和测试吗？我如何确定一个学生掌握了我教的内容？学生考试发挥不好，学校能让我负责吗？我该如何评阅这些试卷？有家长突然前来参观的话我该怎么办？

当向导师寻求指导时，不要害怕多次问及同一个问题。导师也曾是新手，能够理解你的难处。再者你的询问也可以帮助他们重新定义自己的教学信念，这点真是再好不过了。

定期与你的导师会面，每周至少一次。你可能觉得有些时候没有这个必要，但一旦谈话开始，你可能会发现新的教学方法，能解决悬而未决的问题，并且还可得到情感上的支持。定期交流能够提供保障。

当你可以通过定期交流解决问题时，就不会像之前那样担心了。

可以向导师转达愤世嫉俗的同事表现出来的意见或态度。虽然新老师需要学习如何为自己着想，但可能没有足够的经验理解消极评价的内容，或者对其做出妥善的回应。你的导师可以对此提供帮助。

老师应当灵活。当导师提出了某些建议时，不要急着下结论，而应先尝试一番。导师的目的是帮助你，所以不要把他们的建议当耳旁风。

隔一段时间就要向导师表示感谢，并对其进行宣扬。做一位导师真的很不容易，需要投入大量的时间和精力帮助年轻老师。对导师的奉献表示感激，是非常明智的做法。

进行大量的专业阅读

阅读量一定要大。身为老师，你一定要时刻阅读有关本学科及中学教学的所有知识，并对所读内容做出批示。阅读之后可以和他人讨论自己的感受，信息经过口头叙述才能被牢记，所以与他人的交流很有必要。我的一些同事阅读之后会随时记下自己的总结，有的还会定期寻找相关文章并与他人分享。只有经过思想的交流，信息才能发挥更大的作用，将其束之高阁于事无补，所以老师应该经常与同事讨论。

写学习日志进行反思

十年前我通过全国委员会资格老师认证时，必须对每天所做之事做出书面记录，并写下缘由。我必须展现身为一位老师的所作所为与学生所学到的知识之间的相关性。这样做了几天，奇特的事情发生了：我的教学技能显著提高。

由于对日常实践的所写所悟，我极大地开阔了自己的视野。我做决定时从不匆忙，而是权衡利弊、集思广益，最后充分掌握了所做决定的动态分析，而这一点是平时的日常活动所不能提供的。我的视野变得清晰，整个人如脱胎换骨一般；另外一个额外的好处就是：我在课堂上更加放松且自信。我从不自我怀疑，并深信自己的决定是合理的。

在我教过的所有科目中，学生都有写学习日志的习惯，他们在日志的一页记录信息，在另一页记下信息的用法以及个人感悟。我也经常参与其中，将自己的学习日志张贴在公告牌上，以便学生发表意见。这始终是教学环节的一个亮点，通过写学习日志，我从中学到了更多的有关知识，对如何进行讲授更是不在话下。自从采纳了这个办法，学生提出的问题以及取得的成绩都得以显著提高。

如今我改成了定期在杂志专栏发表文章，并针对所教的新概念写一些总结。成为一个勤于反思的实践者，让我更加胜任老师这个职业。在当今这样一个快节奏、需要立即做决定的世界，这或许是老师能够向学生示范的最重要的技能之一。

在论坛上参与讨论

你也许会碰到这样一个学生，你简直无法向他讲授任何内容。他从不做作业，不在乎学习，对成绩更是无所谓。同学们都不喜欢他，虽然他的父母人都很好，却因为忙于工作疏于对他的照顾。他扰乱了课堂秩序，测试却表明他在各个领域能力都很超群。你试过了所有的办法，听取了不下三位同事的建议，却仍旧毫无办法。

将这个问题发表在由经验丰富的中学教学专家组成的论坛中，你可以在短时间内收到世界各地的多条回复。不知该如何与校长或家长打交道？想了解新的数学软件程序？将自己的困惑与想法发表在专业论坛，你能从中得到最好的建议。论坛是老师最为有效的时间利用方式。

参加教学圆桌会议

每个月初，你可以在老师公共邮箱里上传一个话题，或将其张贴在老师休息室的布告栏上。每月指定一天，将所有有兴趣讨论该话题的老师召集在办公室，并要求每个人分享对该话题的想法，比如说如何处理纸张负担。每个人都带来了小点心和十几份有关如何减少纸张负担的打印文档，与小组共享。一个小时之内，你会搜集到非常多的想法。为了方便交谈，可以将桌椅围成一个圆圈。其他的热门话题包括激励无心向学的学生，合格评估，评分，讲授某领域的阅读技能，学科整合，有关认知科学的脑部研究，纪律，不同阶段的教学方法，座位安排，语法讲解，如何妥善与家长交流，等等。

建立老师思想文件夹

你可以建立一个老师思想文件夹，形式可以是塑料箱或盒子，摆放在每一个影印机周围，在里面将各个学科分门别类。当其他老师复印教学材料时，邀请他们多复印一份，放在塑料箱或盒子里的相应文件夹内。这些副本可以包括测试、项目、词汇表、章节摘要、教室政策、图形组织者、单元计划、校外实习形式、家长来信、行为守则、公告板的想法、文章、图表、教学样本等，并将这些资料免费让他人使用或修改。但是请记住一点，使用老师的资料时要获得允许，以尊重他人的成果。这些文件夹对于新晋老师而言，是新理念的宝库，也为他们的职业规划和教学方法提供了指导。选修课老师以及核心学科老师可以相互看到对方的教学方法，从而促进各学科之间的结合。在年底时，将所有收集到的想法装订成一个文件夹，并将其存放在学校的专业图书馆。

教学录像分析

请求导师或同事在课堂上对你进行录像，之后在私下观看录像，注意你在教学行为中的可取之处、有待提高之处，以及对学生产生的影响。观看过程不会有谁做出评价，所以如果你自我感觉不错，可以和导师重新观看一遍，并在观看之前让他了解你的教学重点和目标。观看过程可以随时停止、倒带、重新播放，从而共同探索有效的策略。观看教学录像可以开阔老师的视野。我从中发现了一些未曾留意的学生行为，而在课堂上我却以为自己注意到了一切。录像机不像人这般虚荣，真是万幸。它不做任何评价，也绝不会歪曲事实，对于老师而言是最好的分析教学实践的方式。

参加研讨会和协商会

要做到眼观六路耳听八方。我曾参加过的几个最好的会议，都是我从同事的闲谈中听来的。如果你所欣赏的人近期要在附近的地方召开研讨会，一定要抓住这次机会。不过必须做好充分准备，大部分的研讨会、协商会和学校组织的专业发展学会名额都很有限，召开时间超过一天的还需要与会者提前预定宾馆，所以行动一定要迅速。你应该事先搜集会议信息，以便决定参不参加，之后立即采取行动。获得行政人员下发的申请表、寻找资金、安排旅途行程等都需要时间。不管你做什么，都不要忽视周围投放的广告，其中有可能就会印有我参与的10月份召开的“如何激励学生们”的研讨会。

参加网络广播和视频会议

网络广播和视频会议因其较低的成本和对老师的周到考虑，越来越受教育者的欢迎。在网络直播中，老师仅需一台能够链接到互联网的电脑，不需要其他特殊设备或软件。届时，全国专家将在自己的电脑上播放幻灯片，对某课题进行讲解。根据参与者的需要，专家会在世界范围或某特定网站上实时演示。

演示者在屏幕上突出或移动一些内容时，所有参与者的电脑屏幕上也同步此操作，无论他们身处何地。参与者可以向演讲者打电话或发邮件提出问题，之后演讲者进行实时解答。演示者同样可以向观众提问题，所做回应立即显示在屏幕一侧的统计栏内。讲义提前发送，以便每位参与者的手头都有相关信息。

大部分网络广播在放学后进行，极为有效地提供了职业发展机会，而无须为机票、住宿餐饮、地面交通或代课老师支付费用，又因其极强的互动性，成为了一种特别有效的专业发展形式。视频会议与此类似，但需要两端都有视频设备。如果你有该设备，视频会议不失为一个很好的办法，否则网络直播才是更好的选择。对于刚刚入职，希望寻找职业发展的便捷途径的老师而言，网络广播和视频广播是不二之选。

教学是一个没有终点的旅程

像大多数值得去做的事情一样，教学是一个旅程。我们即使走得再远，也从未到达终点。奥利弗·温德尔·霍姆斯曾经说过，“世上最重要的事，并非身处何地，而是朝向何方。”这句话对中学老师来说，真是再合适不过了。我们并不是超级机器人，不可能什么事都熟练、高效地完成，只能大致估计目标，时刻关注罢了。威尔·罗杰斯扩展了这一点：“一个人即使走的路再正确，如果停滞不前，也会偏离方向。”请记住，尽管持续追求优秀的专业发展是一条正确的道路，但仍需要不断地前进。最好的中学教育工作者绝不仅仅依靠学校或学区的专业发展，而是不断地追求自己的专业发展，从而提高教学效果。一个自我更新的专业的中学老师，才能更好地为学生服务。

第 12 章

给教学环境带来创新的好建议

作为优秀的中学老师，我们可以从一无所有开始创造奇迹。在逆境中，我们更能够闪耀出自己真正的色彩。我们的专业性应该体现在灵活和自给自足的教学法中。

在一学年开始前，我收集所有学生的照片，将它们放在相册中。如果有学生行为不当的话，通过比对照片，我可以快速知道是哪名学生，这使纪律管理变得更加简单，安排学生座次也变得简单了。

——萨尔特雷皮·耶迪，哈里森中学

有些学校所在的地区经济不发达，艰苦的环境让教学变得更加困难，这对老师而言是一个真正的考验。没有安全的饮用水，学生们坐在长凳上或直接坐在地上。学生们的学习能力普遍低下，即使已经十二岁，他们中的许多人只接受过两年的正规教育。尽管如此，你的课程也应该让学生们学习到相应的知识。

作为优秀的中学老师，我们可以从一无所有开始创造奇迹。在逆境中，我们更能够闪耀出自己真正的色彩。我们的专业性应该体现在灵活和自给自足的教学法中。

缺少书本、桌椅和教具不能成为我们教不好的原因。如果你是一位英语老师，你能和学生坐在空旷的棒球场内学习诗歌的形象化语言吗？

如果你是一位美术老师，能在学校体育馆内教授线条和阴影在艺术品中的用途吗？

当然可以！物理环境不应该限制教学。在可能的情况下，你可以将环境作为新的教学工具。

我们通常觉得拥有很多教学工具是理所当然的，而不看其真正对于学习的作用。要确定对一个教学工具的需求度，应该考虑它可以从哪方面促进学生的学习，如果不能促进学习，就扔掉它吧。在开学后的几个月，教室往往会变得一团糟，随着而来的就是学生的懈怠。当教具和课程被精减到其最为根本的状态，我们坐在空荡荡的棒球场中讲课时，会重新认识教学的本质。

我是说，一片贫瘠的荒地是寻找教学灵感的沃土？答案是否定的。恰恰相反，我们必须确保我们所设计的以及课堂所提供的一切有助于教学，我们手中大部分教具往往源于经验更为丰富的老教师的智慧，但我们更需要提高工作效率。把自己的想法融入课堂，我们可以设计出更好的东西。

在下面的章节中，描述了优秀教师们几十年经验所总结到的优秀教具，你可以选择最适合你的加以尝试。在几个月后，你就可以参照自己对教育的新见解发明自己的教学工具了。

老师的办公桌

当一位中学老师的办公桌上没有堆积如山的材料，或当我们看到一个老师总是坐在教室里的办公桌前，而学生都独立学习时，总感觉到事情有点不对劲儿。教室中老师的办公桌是老师可以隐藏自己的城堡。它还像是一个巨大的黑洞，可以吸入家长写的紧急便条，丢失的电话号码，行为表格，课表，学生手册，蓝莓松饼屑或更衣室钥匙。或许直到退休时我们才能重新找到这些东西。办公桌同样可以成为学生勤奋努力，老师努力备课，带有自己鲜明特色的地方。

虽然办公桌是老师的办公场所，现在请允许我给你提一个使你高效教学的方法：将你的办公桌搬出办公室（教室）。

好吧，这可能显得稍微有些粗暴。毕竟，老师都渴望在教室里面有一张属于自己的大办公桌。这表明你是老大，你掌握着课堂的教学，对不对？我们很容易这么想，在我教学的最初几年当中，我也有着这样的想法。然而，教学的重点是关于学生学习新的知识，而非是我们对于课堂的控制权。老师只是课堂上的一位年龄较大的学习者。学生们有时候也是我们的老师。

为了节省教室空间和将教学重点转移到学生身上，我将自己在教室里的办公桌挪到走廊一侧的老师办公室。那儿就是我进行课程规划、完成教师文件工作的地方。当课堂上没有老师办公桌时，我们可以把这一空间用于放置一台电脑，添加图书角，改造为试卷上交区，益智区，或使学生课桌空隙变大些，以减少他们学习时彼此的干扰。

如果你非要在教室里有一张办公桌，那么请**采取适合自己风格的方式来摆放办公桌。**不论如何，尽量避免把办公桌放在教室前排中心的位置。将办公桌摆放在教室中间给学生传递出一条明确的信息，课堂学习的中心在你，而不是学生。一个明智的办法是将办公桌放在教室前斜对面的角落，让办公桌不成为人们关注的焦点。你同样可以将办公桌放在墙壁一侧或课堂后面。从这几个位置，你在密切注视着课堂各个角落的同时，仍可以有着自己的角落。

准备好可能要用到的物品：

文书物品：铅笔，彩色铅笔，记号笔，粉笔，透明胶带，订书机，订书针，剪刀，蜡纸，胶棒，尺子，打孔器（单孔和三孔），计算器，大橡皮擦，回形针，图钉，橡皮筋，随手贴，安全别针，邮票，额外备用的文件夹。

教学物品：教师参考书，值勤表，课程指导手册，打分册，计划书，所有学校正式文件，办公室备忘录，空白感谢卡，家长义工表，课程协调员表，校区服务中心和资源中心的联络电话号码，学区地图（如果你想要按时得到在职培训，这至关重要）。

生活物品：卫生纸，阿司匹林，咳嗽滴液或润喉糖，胃药（检查你所在学校的课堂药品管理政策），饼干，水果，蔬菜和水，学校地图，螺丝刀，锤子，急救包，针线，代课老师电话号码，公共汽车时间表，电子邮件表，复印机和日历。

以下物品同样将十分有用：摄像机，最近正读的书籍，地址簿，银行卡，附近餐馆的午餐菜单，放学后愿意跟你一同打网球、篮球、散步或跑步人员的名单。

在你的物品上标记你的名字。在我教学的最初几年，因为没有在自己物品上标记好自己的姓名，东西丢失了大半。大家拿了东西不归还并不是故意的，这些东西只是在日常的工作当中弄混了。在我将自己的课堂学习用品做好标记后，我感觉有了加薪的感觉。东西不再丢了，钱包也不用再瘪了。

我强烈建议以下两个防止铅笔和钢笔丢失的办法：如果学生需要借铅笔，要求学生在借铅笔之前在罐子里面投一枚二十五美分的硬币。当罐子中硬币金额达到20美元左右时，买一些课堂上大家都可以使用的学习用品。你也可以采取老办法：当他们借铅笔或钢笔时，让他们上交一件他们自己的东西。为了拿回自己的东西，他们因此便会记得归还他们欠你的物品。

来自亚利桑那州的一位优秀的中学老师马克·刘易斯就老师的办公桌给出了一些建议：

中学生可能对你办公桌上的一切，尤其是图片或者有趣的东西感到好奇。但你必须坚持拒绝他们，否则这些东西可能会消失在你眼前。今年我买了一个新的每日笑话日历，由于每天来读日历的学生太多，我被迫将它移到图书角附近。关于老师办公桌的下一条规则是整理好办公桌上的文件。老师喜欢将办公桌上的文件堆成一堆，这让他们感到志得意满。但办公桌上的文件堆积的时间越长，文件的数量也会随之增多，你就再也找不到任何东西了。

学生偶尔会在提交作业时，忘了在作业上写他们的名字。请不要以将这些作业扔在垃圾桶的方式来教给学生责任的重要性。它不会奏效，却会给你带来怨恨和下一份没法看的作业。即使是最认真的学生在过去的几年中也曾犯过这样的错误。设立一个作业角用于收作业和存放批改过的作业。学生可以在未收到自己返回的作业时自己查看。如果学生发现其中有属于他们的作业，让他们在作业上签上自己的名字，重新提交以获取作业的平时分。如果你愿意，适量的扣取一些分数，但不至于多到看得出是明显的惩罚。

在面对中学中量的作业时，一个好的方式就是要求学生设立一个记录作业的笔记。这会帮助他们记录提交作业的时间，以防止遗忘。学生可以自己制作自己的记录作业笔记。只要确保可以在笔记本的每页上记录各天每个科目作业内容，作业补充信息，家长签名和老师对其信息进行确认就好。学生也可以在笔记本上记录自己生病时可以联系的同学的电话号码或电子邮箱，还可以做出自己的成绩表，在作业发下来时记录自己的作业成绩，以跟踪学习表现。这两个措施都将十分有效。

关于技术应注意的事项：许多老师都在尝试让学生以电子方式交作业。我也是其中之一。这是未来教育的发展方向，但考虑到安全、技术和学生使用网络的熟练程度，这一操作的时机还未成熟。通过作业本进行作业提交的另一优点在于：它更有利于发现错误。在美国无数的办公室和英文课堂上，下面的观点已经无数次被验证：我们的大脑在看印刷品时，较通过电脑屏幕阅读电子版内容时更加容易发现其中的错误。在批改作业的时候老师要学会高效率地利用时间。作业批改所需的时间与学生做作业所用到的知识深度有着密切而直接的联系，如果学生知道他们会很快收到自己上交的作业，他们将更加努力做作业。反之，如果他们数周到得不到老师的反馈，学习的动力也会降低。

座次安排

老师们请记住，要最大限度地促进学生的学习，而不是得过且过。

在条件允许的情况下，每隔两周进行一次学生座次的调整。我们希望学生去探索在各种情况下自己的学习状态。在一学年内，尽可能按照男孩——女孩——男孩——女孩的方式来安排学生座次。女孩和男孩座次混合排列可以使他们在教室内保持安静。

当老师进行座次安排时，首先要了解课堂中的“锚”和“钉子”。“锚”指的是在课堂上一向表现良好，有着榜样作用的学生。“钉子”

是指有着课堂行为问题的学生。当然，在开学的第一周，你可能不知道这会是谁。但在之后几个星期你便会心中有数了。可以将这些“钉子”学生分散安排到整个课堂内，在他们当中穿插入表现良好的同学，将使班级成绩快速提升。

老师要将不良行为看作是学生的一种临时状态，而不是劣根性。中学是一个可以犯错、从错误中学习，但仍然可以成长的人生阶段。在安排座位时不要带有色眼镜，要选择可以最大限度地减少后排座位的座次安排方法。在学生离你2～3张课桌距离的范围内时，他们才会专注于你所教授的知识。学生的座位位于课堂的后排时他们更容易开小差。对于课堂管理而言，接近老师是至关重要的。

作为一门语言艺术课老师，我不喜欢传统行列座次安排方式。我喜欢对座位不断进行设置，来鼓励学生彼此讨论。同时我也允许每一个孩子进行眼神交流。为了满足以上需求，我用U形课桌排位，或采用半个车轮辐条状排列的课桌。学生们觉得我的课堂很酷，很像古罗马角斗场。

如何吸引学生的注意力

几年前，我听到一位受人尊敬的教导主任说，一位老师如果没有明确地吸引学生的信号，在一学年中会白白浪费掉三个星期的教学时间。这是多大的浪费！

老师在入学的第一周就应该建立带有你自己特色的吸引学生的信号，并且明智地将这一信号贯彻到接下来的一学年，比如说你有多个小组，每个组都有不同的任务，不要在描述每个组的任务时让其他人空等待。你可以创建每个组的任务卡，让他们各自投入任务当中。如果活动仅仅适用于一两名学生，请私下找他们交谈。要知道，只有学生听从并回应你的话时，才能产生积极的影响。

从许多老师提供的获取注意力的信号中，你可以选择自己认为有效的方法在任教的第一学年进行实验。以下就是一些你可以采用的方法。

◆ 抬起你的手臂或选用其他的动作。

◆ 敲钟。

◆ 在某乐器上弹奏一个音符。

◆ 站或坐在教室一个特定的地方。

◆ 敲鼓。

◆ 敲击课桌或黑板。

◆ 捏住发声玩具或可以产生独特声响的玩意儿。

◆ 说一个特定的词或短语。

◆ 播放一段音乐或声音效果。

◆ 把灯打开或关闭。

◆ 说出一个大家在听到必须要做的动作（摸鼻子、动下肘部，或拿起一支铅笔），看看谁是最后一个这么做的人。

◆ 向学生寻求建议。

这听起来可能太幼稚，但老师就是应当表扬表现好的学生。你可以说“谢谢马克抽出时间把教室清扫得这么好”，“感谢珍妮停下正在做的事情来处理这件事”和“做得不错，珍妮弗和曼迪。当我需要得到大家的注意时，你们是最初看这儿的，这很有帮助”。即使学生不善言辞，但渴望受到你的喜爱是肯定的，即使是看似不听话的学生也渴望做任何可以得到你积极肯定的事情。为此，我们可以多采用“酷”这样的字眼，以显得不那么矫情。

其他吸引学生注意力的方法：

- 叫学生的名字。
- 站或坐在学生附近。
- 将学生的问题转问其他的学生（或询问他们是否同意彼此的观点）。
- 提醒学生对即将到来的挑战做准备。
- 一起完成任务。
- 使用不完整的句子。
- 改变你的声音和语调。
- 扮演魔鬼代言人。
- 挑战你的学生。
- 任命教师小助手。
- 使用道具。
- 激发学生的想象力。
- 散发出热情。
- 使用幽默语言。
- 问另一个学生同意或不同意其他学生的发言。

公告板的设计规则

迪士尼公司对游乐园内所有游乐设施有两个要求：它们必须精

彩的同时还要讲述一个好故事。如果课堂中教室的墙壁也满足以上的两点，那你的教学肯定会成功。“精彩”是指公告板的吸引力。我们的布告栏吸引人吗？大家愿意接近它吗？公告板有点睛之笔吗？它会开启大家的好奇心吗？我们当中有着图形艺术设计基因的老师会发现这类事情是轻而易举的，其余的老师则可能有点头痛。

将小型磁带或CD播放机用到公告板当中，可以提供视觉综合体验中的听觉部分。过去几年内，我曾使用过包括知名演讲、诗歌、广播剧、辩论、音乐、故事和“通知”的脚本录音。

“好故事”是指多样的表达方式。布告栏的内容最吸引学生们的元素之一就是找到自己的名字、同学的名字或者看到自己的故事。如果可能的话，可以利用学生的名字、他们的作业，或在公告栏上提及他们的故事——这样你可以得到大量的观众。例如，当说明良好的健康与正确的饮食和锻炼计划时，可以显示你的一位学生典型的每日饮食以及他的照片和从杂志上剪下的美食图片。

最好的布告栏可以引导参观者向自己提出这样的问题：“如果我穿越时光，在我爷爷见到我奶奶前入侵了他的生活，会发生什么呢？”“有什么方式可以用来对付蛆呢？”“金刚也会哭吗？”。按照苏格拉底的观点，在思考前我们应当先创造一丝的惊喜。我们可以在创造惊喜的同时为布告栏提供材料。

布置布告栏的好建议

教学布告栏应当强调1～3个重点。色彩要简洁，内容与中学生所处世界相关，才可以吸引他们的注意。我曾使用过哈利波特骑在扫帚上的身体跟学生们的脸结合起来的照片。我发现学生们喜欢自己来创建布告栏。他们也喜欢看到自己的工作成果得到显示的机会。

当学生们进行布告栏的制作时，可以先让他们提出计划，以积极的方式给他们提供各种指导，展示学生作业或照片时，始终先要获取学生的许可。对这个年龄段的他们，独立意识是一个十分重要的概念。

除了在布告栏上提供更多的乐趣跟知识，定期的内容更新同样很重要。张贴着超过一个月的布告栏就会失去影响力，陈旧感弥漫在课堂当中，使得教室的一切都显得死气沉沉。不要浪费这一有效的工具，请随时保持布告板信息的更新。如果你工作太忙无暇参与布告板的设计跟更新，可以要求你的学生参与其中。当他们就特定题材创造出精彩、准确的布告栏内容时，他们也将从其中获得更多的知识和乐趣。此外，让学生参与布置的额外好处在于他们在展示期间会更加关注这期公告板。

最后一点：布告板不必一定需要粘贴在教室墙壁上。放在天花板上怎么样？我是认真的，这个想法完全切合我们的教学主题。当学生对你所讲授的内容感到厌倦时，他们向后仰，视线脱离黑板，看向天花板。这时候他们便会发现自己已经被概念包围了。将布告板粘在课堂的地面上怎么样？将布告板张贴到图书馆的走廊，自助餐厅？看来我们无所不能，限制你我思维的只是我们的想象力罢了。

教室中的植物

老师可以对比当你手中拿着大量的绿植进入教室跟不拿任何东

西进入教室时学生的反应。绿植可以使教室显得不那么僵硬。我们会感到更加的平和，心灵也更沉静，此外绿色植物还会通过提供更多的氧气净化教室内的空气。

一位懂得在课堂中呵护植物的老师在工作上一般也会懂得体贴他人。这一说法尽管没有科学依据，我依旧坚信这一观点。懂得在教室内养绿植的老师倾向于对人友好，不会将服务他人看作是一种牺牲，更多的是看作是自己的使命跟责任。他们大都身体力行，考虑他人的需求。他们一般也善于解决问题。这不是说不养绿植的老师不懂得负责任，只是关爱植物的人似乎已经形成呵护他人的心理思维定式。绿植是课堂内另一种与学生进行沟通的工具，不论通过描述生长中植物的相似性还是日常教给学生照顾绿植的方法本身。鉴于植物生长的责任，学生会从中学到课堂上无法习得的生活技能，如照料植物、专注、自尊、自信，并认识生存所需的基本元素——食物、水、庇护所、阳光和空间。我是否过于强调植物对课堂教育的重要性呢？这一点儿也不为过。在教室内放入三盆或以上的绿植，要求三个学生来照看植物的生长。无论他们的成绩如何，他们都会乐于担当起这一责任。他们会带来洒水罐，以可媲美农民的热情，来呵护他们的植物。至于植物的选择，我建议选择常青藤、芦荟、龙血树、蕨、吊兰、蔓绿绒、非洲紫罗兰、各种仙人掌，如果你不介意植物长得太大，一棵小的橡胶树都可以成为你的选择。这些植物都易养殖，可以适应教室不同位置的生长环境，在各种光线条件下都可以茁壮生长。不要忘记引入绿植同样可以把教室搞得乱七八糟，比如浇花的水可能溢出，弄脏放置植物的角落。最好选取合适的方式将绿植挂起来。在极端天气的几个月内，也可以要求学生把他们的植物带回家。

需要多少植物？如果你刚刚起步，尝试三棵植物。如果你害怕自己可能会忘记浇水，那初始阶段便选择仙人掌。如果一切顺利的话，将教室内植物的数目提高到八株。有些植物可能会引发过敏，因此要仔细检查学生对这些植物是否有过敏的情况。

让教室有更好的采光

照明可以成就或毁掉课堂教学。如果学生因为电视屏刺眼的光而不能看到你所展示的视频时，学生们的时间浪费了，行为问题也随之而来。如果有学生因为关了灯而看不到黑板上作业的内容，你也不能责怪他不做作业。当然，现实情况比这更加微妙。

太阳光有着完整的光谱，由不同颜色、波长的光线组成。地球上的生命需要阳光。然而，许多教室因为缺少窗户，房间中只能通过日光灯管来进行采光。大多数荧光灯没有阳光全光谱的特性。它们缺乏红色波段的光。这是一个对老师和学生而言都不可忽视的问题。红光的缺失将会导致包括人类在内的生命产生昏昏欲睡的化学物质。这来源于所有的生命都习惯于户外生活的习性。当太阳晚上落山后，动物的身体将会发生生理变化以准备休息和睡眠。在早晨太阳升起时，导致困意的化合物停止合成，我们的身体也随之醒来。

最好选择在有窗户的教室进行教学。无论采取何种措施都要打开关着的百叶窗。即使只是教室外的砖墙和树木反射的阳光也要比没有阳光好很多。如果情况不允许，在预算允许的情况下可以购买全光谱荧光灯。

讲义和板书要清晰

在良好的中学教室中，清晰的讲义和板书是一项标准的教学流程。老师们应当不吝啬，不走捷径，踏踏实实写好讲义和板书。

老师的讲义和板书是他们每天教学敬业精神的指标之一。书写错误、凌乱的布局、糟糕的字迹，这些不仅仅只会降低学生及家长对老师的评价，而且他们在心中给你的差评很难纠正。家长会认为你无法保证与学生有效地互动。负面情绪会影响所有后续的老师和家长的互动跟沟通。

卡通图案可以很好地帮助学生记忆讲义的内容。同样，卡通图案可以使学生关注讲义某一页上特定的信息。例如，用兴奋的卡通人脸将眼球集中到某一行文字上，人脸上的对话泡泡中写着“哇，看”这样的文字肯定能吸引学生的注意。你可以开始收集漫画书籍、杂志、报纸上的漫画来用于讲义或PPT当中。或买一本教授如何画漫画的书籍，这样你就可以在教学中利用自己画的漫画。

如何管理课堂上的电脑

技术设备不同于我们可以发挥创造力随意改变的教室墙面，学校预算并不总能够满足老师对于技术设施的期望。现在美国的许多学校给每名学生配备一台电脑，有的学校每三个学生配备一台，有的学校只能给一个班级配备一台电脑。有的教室甚至一台电脑都没有。大多三十五岁以上的老师可以很好地应对无电脑的状况，因此他们依旧可以保持良好的教学。电脑对我们而言只是许多教学工具中的一部分。在没有电脑的课堂上，我们还有其他方式来使用技术。

许多教室只配备一台电脑供学生和老师使用，确保其高效应用可能会变得十分棘手。向你的同事请教他们是如何安排他们跟学生使用电脑的各项工作。你会发现一些同样可以用于你的课堂上的新想法。

电脑可以快速地传递信息，**电子邮件将会是老师与同事和家长沟通的主要渠道。**一天内你可以多次查看和回复邮件。然而，请正视这类事情。当学生仍在课堂内的情况下，老师的首要的任务在于照顾学生的需求，而非是处理邮箱内的邮件。如果学生们正在安静地学习某一知识，你应当将时间花在监督他们学习的进度，检查他们理解的对错，或与他们一起做作业以树立学习的典范。你同样可以阅读专业书籍，学生们会看到你在阅读和学习新的知识。如果你沉浸在阅读和回复邮件中，很难重新投入一天的教学。试着在课堂内没有学生的时间段阅读和回复邮件。

老师同样可以利用电脑来存储成绩和考勤记录，撰写发给家长的信息，存储在教学中可能用到的成千上万种教学讲义等。许多优秀的软件可以完成许多表格，如果你以数字资料的方式存储学生成绩，确保每隔一周在将数据添加到数据库后打印一份成绩单。在你输入数百个成绩数据，点击保存之前，服务器可能崩溃，电脑数据可能无故被删除或无法运行，这些情形似乎总是在年终打印报告成绩卡的时间段出现。

 如何与其他老师共享课堂

有时学校预算和教室空间紧张，为了安排下所有学生，所有的教室必须超负荷使用。因此，一些老师没有自己的办公室。他们从一节课堂到下一课堂，依照学校规划的课程进度来使用空余的教室。这一不幸却相当普遍的情况经常落在新老师的头上。现在我不用将我的教学用品搬上小推车从一个教室搬到另一个教室了，不过在我任教的第一学年我也曾与其他老师共用一间教室。共享教室可以成为一个积极和成功的职业经验，也可以帮助老师牢记一些基本的礼节。首先，“宾主”老师和“做客”老师必须定期对话。不要让小的事情恶化。例如，“宾主”老师为张贴教学布告栏而盖住了部分“做客”老师班上学生张贴的作业。你了解布告栏的价值，但希望她在这么做前可以先向你打个招呼。一天，她开始为接下来的一堂重要的课堂活动进行准备时，你的学生开始看着她忙活，而不是认真地做作业，或者你将白天收上来的五沓试卷放在教室内，你的同事不喜欢这一做法。这些小摩擦很容易引起大矛盾，一定要明确我们对于彼此的期望，并建立双方可以开诚布公地沟通的关系。不要让彼此有相互怨恨的机会。在教室中要确保两个老师有足够的空间用于展示学生的作品，张贴教学布告栏，摆放个人以及班级的学习用品。如果你的“宾主”老师是一个体贴的人，她会通过牺牲自己的利益来给你提供一些空间。不要害怕表达需要更多的空间的需求。大家可能只顾于其他的教学事宜，而没有意识到你的需要。

在教学时，如果另一位老师仍旧在教室内，要对她心存感激，

而不是感觉自己受到威胁。在你需要回复他人的紧急电话或需要去洗手间的时候，教室内另一位老师的存在可以让你的学生在几分钟内保持安静。她同样可以为你维持这一时间段内的课堂纪律。之外，如果你所在的学校选取任何一种同期老师观察计划作为专业发展计划的话，你就可以顺水推舟地加入这一计划。

乍得·库珀，加利福尼亚州莱蒙格罗夫棕榈中学的一位老教师，对于拼班教学有着丰富的经验，他给我们提出了以下很好的建议。

保持积极的态度。你有着许多老师没有的机遇，有机会与另一位教育者共同分享一间课堂。当我的同事也在我的课堂内时，我可以更加轻松地面对有参观者的情形。去年我在加波·利百加的教室教授社会研究和语言艺术课程，利百加是一位优秀的数学老师。当分数或小数出现在六年级的语言艺术或社会研究课堂时，我们实际正在社会研究或语言技术课堂上做数学题呢。这一方法同样适用于其他年级的老师与他人共享同一教室的情形。

课堂教学对于一位优秀的中学老师来讲不仅是考验也是一种见证。我们的教学方式可以促进或阻挠学生的发展。随着教龄的增长，我们的教学变得更为娴熟，个人教学风格得以形成。作为一个教师，我们的使命是让年轻的学生们得到符合其成长的指导。有着40年建筑史的老校舍或崭新的教学楼、老旧的办公桌或亮闪闪的新课桌，有经费或没有钱，有没有先进的教学技术，这都无关紧要。作为专业的中学从教者，我们可以在自己设计的物理空间内最大限度地提高学生的学习热情。当我们以塑造更佳的学习环境为目的设计教室时，学生的成绩也会随之腾飞。

“常青藤”书系—中青文教师用书总目录

书名	书号	定价
“走遍世界看教育”系列		
世界最好的教育给父母和教师的45堂必修课（《芬兰教育全球第一的秘密》2）	9787500692423	28.00
芬兰教育全球第一的秘密（珍藏版）(《中国教育报》等主流媒体专题推荐，台湾教育类畅销书榜第一名）	9787500687436	28.00
7个习惯教出优秀学生（全球第一畅销书《高效能人士的七个习惯》教师版）	9787500687948	29.00
美国最好的中学是怎样的——让孩子成为学习高手的乐园（白金版）	9787500685838	28.00
“世界名师新经典”系列		
给教师的101条建议（增订图文版）(《中国教育报》“2009年最佳图书”奖）	9787500673842	27.80
高效能教师的时间管理法	9787515321073	35.00
来自美国最优秀教师的建议（入选《中国教育报》“2010年影响教师的100本书”）	9787500694427	25.00
优秀教师一定要知道的17件事（美国当前最有影响教育畅销书作者全新力作）	9787500671961	23.00
优秀教师是这样炼成的：用心教育	9787500672555	23.80
下课后来找我：资深老师给同行的建议	9787515307114	28.00
优秀教师一定要读的60个教育故事（传达60种爱的教育方式）	9787500696285	25.00
高中课堂管理-行为管理的9项策略（第二版）(被誉为美国“课堂管理圣经”）	9787500695714	29.00
快乐山巅：从亿万富翁到优秀教师	9787500695189	20.00
美国最优秀教师的自白（新版）(进入地方学校、教育机构教育用书征订目录）	9787500683001	26.00
优秀教师的课堂艺术（白金版）（第一本唤醒教师快乐积极的教学技能手册）	9787500654001	26.00
怎么做孩子会爱上学习（入选“21世纪中国教师必读的百种好书”，《中国教育报》“2010年影响教师的100本书”）	9787500685968	22.00
“好老师教学策略”系列		
改善学生课堂表现的50个方法（入选《中国教育报》2010年和2011年“影响教师的100本书”）	9787500693536	23.80
从优秀教师到卓越教师：极具影响力的日常教学策略（入选浙江省教师节用书）	9787515312378	33.80
天天向上：中学教学问题解决手册	9787515321202	29.00
打造优秀班级的15个秘密	9787515319117	28.00
13个教学难题解决手册	9787515320502	28.00

书名	书号	定价
让每个学生主动参与学习的37个技巧	9787515320526	28.00
快速调动学生参与的99个方法（被誉为美国调动学生参与最有价值之书）	9787515317069	31.90
教学可以很简单：高效能教师轻松教学7法	9787515314457	25.00
快速改善课堂纪律的75个方法（白金版）	9787515313665	28.00
高效能教师备课完全指南	9787515312361	23.80
开始和结束一堂课的50个好创意	9787515312071	19.80
好老师激励后进生的21个课堂技巧	9787515311838	23.80
提高学生学习效率的9种教学方法	9787515310954	27.80
老师怎么说，学生才会听（白金版）	9787515312057	28.00
好老师说服难缠家长的16堂课（入选《中国教育报》"2010年影响教师的100本书"）	9787500688778	23.80
好老师应对课堂挑战的25个方法（珍藏版）(《给教师的101条建议》作者新书）	9787500699378	25.00
好老师因材施教的12个方法（美国著名教师伊莉莎白"好老师"三部曲）	9787500694847	22.00
好老师征服后进生的14堂课（珍藏版）（美国著名教师伊莉莎白"好老师"三部曲）	9787500693819	25.00
好老师可以避免的20个课堂错误（白金版）（入选《中国教育报》"2010年影响教师的100本书"）	9787500688785	21.50
万人迷老师养成宝典（珍藏版）（入选《中国教育报》"2010年影响教师的100本书"）	9787500689300	23.00
为孩子更强大而教书（世界名师梅耶尔"教学三部曲"）	9787500685234	18.00
如何在考试时代提升教育本质（世界名师梅耶尔"教学三部曲"）	9787500685227	19.00
我是这样和家长沟通的：美国当代名师写给家长的信（入选《中国教育报》"2010年影响教师的100本书"）	9787500684572	20.00
"先锋教育"系列		
★ 如何成为高效能老师（美国最畅销教师用书，销量超过350万册，最专业、最权威、最系统的教师培训第一书）	9787515301747	68.00
如何打造高效能课堂（美国《学习》杂志"教师必选"奖，"激励教师组织"推荐书目）	9787500680666	29.00
快乐教学：如何让学生积极与你互动（入选《中国教育报》2010年和2011年"影响教师的100本书"）	9787500696087	29.00
那些让孩子感到幸福的事儿——给父母和老师的建议书（《中国教育报》"2010年特别推荐奖"，新闻出版总署"2010年大众最喜爱的50种图书"）	9787500692072	25.00
杰出青少年的14堂人生哲学课	9787500696742	25.00

书名	书号	定价
优秀班主任的50条建议：师德教育感动读本（《中国教育报》专题推荐）	9787515305752	23.00
爱·上课（李希贵、窦桂梅推荐，教育界真实版《麦田里的守望者》）	9787500693383	23.00
爱·读书（李希贵、窦桂梅推荐，中国版《窗边的小豆豆》，诠释中国教师《爱的教育》）	9787500693918	25.00
凭什么让学生服你（增订版）	9787500675204	26.00
别和青春期的孩子较劲（增订版）（入选《中国教育报》"2009年影响教师的100本书"）	9787500676232	28.00
教师、学生和家长焦点难题解决方案（升级版）（入选《中国教育报》"2011年影响教师的100本书"）	9787500672906	35.60
培养高情智学生的7堂课	9787500686088	18.00
"新教育实验基地"系列		
让学生爱上学习的165个课堂游戏	9787515319032	39.00
设计和管理最优班级实用手册	9787515317731	49.00
杰出青少年构建内心世界的5个坐标	9787515314952	59.00
88种美国中小学经典课堂教学活动	9787515314419	32.00
老师没讲的24件事（引爆千万人感动、教育界深思的励志佳作）	9787500698418	19.00
每天10分钟，发现孩子的6项潜能	9787500679905	24.80
跳出教育的盒子：从优秀到卓越教师的成功策略（美国中小学教学经典畅销书）	9787500689508	35.00
杰出青少年的7个习惯（精英版）（中小学图书馆推荐书目、中国青少年必读书目）	9787500649083	28.00
杰出青少年的6个决定（领袖版）（中小学图书馆推荐书目、中国青少年必读书目、全国优秀出版物奖）	9787500672241	28.00
打开生命的16封信：生命教育经典范本	9787500699408	21.50
如何成为尖子生（新版）（事半功倍的高效学习方法，3小时成为学习高手）	9787500668596	23.00
学习之道：美国公认学习第一书	9787500679240	28.00
躺着，也能学好数学	9787500688556	27.00
英美中小学都在玩儿的数学游戏：多少只袜子是一双	9787500688884	25.80
小偷也要懂牛顿	9787500688020	20.00
"教师专业成长"系列		
名师谈阅读教写作：真正思考语文课的终极目标问题	9787500692966	29.00

书名	书号	定价
高效能教师的9个习惯（教师职业成长“圣经”）	9787500699316	23.00
教师职业的9个角色（白金版）（美国国家教育学会教师教育委员会、哥伦比亚大学教育学院推荐书目）	9787500681014	23.80
教师健康的38个细节	9787500673033	22.00
给年轻老师的信（真希望我年轻时就懂的道理）	9787500696834	23.00
年轻教师的五项修炼	9787500694304	23.00
是什么让教师不断进步（升级版）（入选《中国教育报》“2011年影响教师的100本书”）	9787500672401	23.80
班主任一定要面对的9个问题（新版）	9787500672937	22.00
教师应该做到的和能够做到的（白金版）（美国中小学教师指定培训教材）	9787500669401	33.00
教师一定要思考的四个问题：今天，我们怎样做教师（增订版）	9787500668565	27.90
教师压力管理的10堂课（第一本全面关注教师工作和生活压力的书）	9787500686569	20.00
如何成为优秀教师：英美教师职业成长“圣经”	9787500672920	26.00
“一本书读懂世界教育家”系列		
和优秀教师一起读卢梭	9787500698326	23.00
和优秀教师一起读福禄培尔	9787500698807	23.00
和优秀教师一起读蒙台梭利	9787500698333	23.00
和优秀教师一起读杜威	9787500699071	27.00
和优秀教师一起读马卡连柯	9787500698609	27.00
和优秀教师一起读苏霍姆林斯基	9787500698401	27.00
“优秀校长之道”系列		
校长时间管理的9项策略	9787500695851	23.00
20位美国优秀校长如何创建好学校	9787500695707	23.00
创新型学校：给学校管理者的9个策略（入选《中国教育报》2010年和2011年“影响教师的100本书”）	9787500693628	23.00
如何调动和激励教师（增订版）（入选《中国教育报》2009年和2011年“影响教师的100本书”）	9787500673828	29.00
给校长的127条建议（入选《中国教育报》2010年和2011年“影响教师的100本书”）	9787500694779	23.00

书名	书号	定价
优秀校长一定要做的18件事（入选《中国教育报》“2009年影响教师的100本书”）	9787500673835	26.00
如何提升学校的内力（升级版）	9787500672159	21.80
校长在塑造学校文化中的角色	9787500672142	17.80
优秀小学校长一定要知道的30件事	9787500674115	19.00
“中小学教师学科必备”系列		
优秀小学语文教师一定要知道的7件事（窦桂梅畅销作品）	9787500674139	20.00
优秀小学数学教师一定要知道的7件事	9787500675181	19.00
优秀小学班主任一定要知道的8件事	9787500676607	16.00
优秀中学班主任一定要知道的12件事	9787500674108	18.00
优秀高中语文教师一定要知道的11件事	9787500675730	28.80
优秀高三英语教师一定要知道的12件事	9787500675297	23.00
优秀中学政治教师一定要知道的7件事	9787500674122	18.00
优秀中学历史教师一定要知道的10件事	9787500675198	20.00
优秀初中物理教师一定要知道的10件事	9787500675716	16.00
优秀中学化学教师一定要知道的7件事	9787500680024	23.00
教师延伸悦读		
高效能人士的七个习惯（全球头号畅销书）	9787500649038	49.00
首先，打破一切常规（盖洛普管理经典系列）	9787500647508	48.00
盖洛普优势识别器2.0：《现在，发现你的优势》（升级版）	9787515308036	68.00
夏烈教授给高中生的19场讲座	9787515318813	29.90
史上最简单的问题解决手册——高效能人士做决定的51个思考模型	9787515310961	28.00

您可以通过如下途径购买：

1. 书　　店：各地新华书店、教育书店。
2. 网上书店：当当网（www.dangdang.com）、亚马逊中国网（www.amazon.cn）、天猫（zqwts.tmall.com）
   京东网（www.360buy.com）、苏宁易购网（www.suning.com）、第一街（www.diyijie.com）。
3. 团　　购：各地教育部门、学校、教师培训机构、图书馆团购，可享受特别优惠。

购书热线：010-65511270 / 65516873